VOX
Diccionario
de bolsa de
modismos ingleses
para
hispanohablantes

[anotación manuscrita]

McGraw-Hill

New York Chicago San Francisco Lisbon London Madrid Mexico City
Milan New Delhi San Juan Seoul Singapore Sydney Toronto

1 2 3 4 5 6 7 8 9 0   VRS/VRS   3 2 1 0 9 8 7 6 5 4

ISBN 0-07-144004-6

A
from A to Z, de la A a la Z, de cabo a rabo.

accident
accidents will happen, son cosas que pasan, lo que tiene que pasar pasa.

ace
within an ace of, en un tris de, a dos dedos de.

act
to catch somebody in the act, coger a alguien in fraganti, coger a alguien con las manos en la masa.
to get in on the act *fam,* subirse al carro.
to get one's act together *fam,* organizarse, espabilarse.

action
actions speak louder than words, hechos son amores y no buenas razones.

Adam
not to know somebody from Adam *fam,* no conocerlo de nada.

air
in the air.
1 en el aire: *nothing's been decided yet, it's still up in the air,* todavía no hay nada decidido, aún está en el aire.
2 en el ambiente: *there's mistrust in the air,* hay un ambiente de desconfianza.
to be walking on air *fam,* estar en la gloria.
to clear the air, aclarar las cosas.
to live on fresh air, vivir del aire.
to put on airs, darse aires.
to vanish into thin air, esfumarse, desaparecer sin dejar rastro.

alive
alive and kicking *fam,* vivito y coleando.

all
all in.
1 agotado, hecho polvo: *after the race I was all in,* después de la carrera estaba hecho polvo.
2 todo incluido: *it's £235 all in,* son 235 libras, todo incluido.
to give it all one's got, dar lo mejor de sí.

altogether
in the altogether *fam,* en cueros.

apple
to be the apple of somebody's eye, ser la niña de los ojos de alguien.

apron
to be tied to somebody's apron strings *fam,* estar pegado a las faldas de alguien.

arm
to be up in arms (about something), estar furioso (por algo), estar en pie de guerra (por algo).

to cost an arm and a leg *fam,* costar un ojo de la cara, costar un riñón.

to keep somebody at arm's length, guardar las distancias con alguien.

to welcome somebody with open arms, recibir a alguien con los brazos abiertos.

arse
not to know one's arse from one's elbow *vulg,* no tener ni puta idea.

art
to have something down to a fine art, hacer algo a la perfección.

ass
to make an ass of oneself *fam,* quedar en ridículo, quedar como un imbécil.

atmosphere
you could have cut the atmosphere with a knife, el ambiente estaba cargado de tensión, se respiraba tensión en el ambiente.

axe
to get the axe *fam,* ser despedido.

to have an axe to grind, tener un interés personal.

baby
as smooth as a baby's bottom, suave como el culito de un bebé.

to be left holding the baby, cargar con el mochuelo.

to throw the baby out with the bath-water, tirar las frutas frescas con las pochas.

back
at the back of beyond, en el quinto pino.

to be glad to see the back of somebody, estar contento de haberse quitado a alguien de encima.

to break the back of a job, haber hecho la parte más difícil de un trabajo.

to get off somebody's back *fam,* dejar en paz a alguien: *get off my back!,* ¡déjame en paz!, ¡deja de fastidiarme!

to get somebody's back up *fam,* mosquear a alguien.

to have one's back to the wall, estar en un aprieto, estar entre la espada y la pared.

to have somebody on one's back *fam,* tener a alguien encima.

to know something like the back of one's hand, conocer algo como la palma de la mano.

to put one's back into something, arrimar el hombro.

you scratch my back and I'll scratch yours, favor con favor se paga, hoy por ti y mañana por mí.

backward

not to be backward at coming forward, no cortarse ni un pelo.

to bend over backwards, hacer lo imposible, desvivirse: *he bent over backwards to help us,* hizo lo imposible por ayudarnos.

bacon

to bring home the bacon *fam,* ganarse el pan.

to save somebody's bacon *fam,* salvarle el pellejo a alguien.

bag

it's in the bag *fam,* está en el bote.

bait

to rise to the bait, morder el anzuelo, picar.

to swallow the bait, tragarse el anzuelo, caer en la trampa.

baker

a baker's dozen, una docena del fraile.

ball

that's a whole new ball game US *fam,* eso ya es otra cosa.

the ball is in your court, ahora te toca a ti hacer algo.

to be on the ball *fam,* estar al loro.

to have a ball *fam,* pasarlo pipa.

to have balls *vulg,* tenerlos bien puestos.

to keep the ball rolling, mantener el ritmo.

to play ball US *fam,* cooperar, colaborar.

to start the ball rolling, poner las cosas en marcha.

bang

to go with a bang, tener mucho éxito, ser todo un éxito.

bargain

into the bargain, encima, además: *... and he got a free bottle of wine into the bargain,* ... y encima le ofrecieron una botella de vino gratis.

to drive a hard bargain, ser buen negociador.

bargepole
not to touch something with a bargepole *fam,* no querer algo ni regalado.

bark
his bark is worse than his bite, perro ladrador poco mordedor.

barrel
to have somebody over a barrel, poner a alguien entre la espada y la pared.

to scrape the (bottom of the) barrel, utilizar algo como último recurso.

base
to get to first base US *fam,* superar el primer reto.

bat
like a bat out of hell *fam,* como alma que lleva el diablo, a toda pastilla.

off one's own bat, por cuenta propia.

to be as blind as a bat, no ver ni torta, no ver tres en un burro.

to have bats in the belfry *fam,* estar mal de la azotea, estar como una cabra.

battle
that's half the battle, ya hay medio camino andado.

to fight a losing battle, luchar por una causa perdida.

beam
to be broad in the beam *fam,* ser ancho de caderas.

beam-ends
to be on one's beam-ends *fam,* estar sin un duro, estar sin blanca.

bean
not to know beans about something US *fam,* no saber ni jota de algo.

to be full of beans *fam,* rebosar vitalidad, estar lleno de vida.

to spill the beans *fam,* descubrir el pastel.

bear
to be like a bear with a sore head *fam,* estar de un humor de perros.

bearing
to lose one's bearings, desorientarse, perder el norte.

beat
beat it! *fam,* ¡lárgate!

beauty
beauty is in the eye of the beholder, todo es según el color del cristal con que se mira.
beauty is only skin deep, las apariencias engañan.

beck
to be at somebody's beck and call, estar a la entera disposición de alguien.

bed
to get out of bed on the wrong side *fam*, levantarse con el pie izquierdo.
you've made your bed, now you must lie on it, quien mala cama hace en ella yace.

bedfellow
to make strange bedfellows, hacer una extraña pareja.

bedrock
to get down to bedrock, llegar hasta el fondo.

bee
to be as busy as a bee, estar uno que no para, estar muy ocupado.
to have a bee in one's bonnet *fam*, tener algo metido entre ceja y ceja, tener una obsesión.
to think one's the bees' knees *fam*, creerse el rey del mambo.

beeline
to make a beeline for something *fam*, ir derecho hacia algo.

beer
life isn't all beer and skittles GB *fam*, la vida no es un camino de rosas.
to think no small beer of oneself *fam*, no tener abuela, creerse muy importante.

beggar
beggars can't be choosers, a caballo regalado no le mires el dentado.

bell
that rings a bell, esto me suena.
to be saved by the bell, salvarse por los pelos.

belt
to hit below the belt, dar un golpe bajo.
to tighten one's belt, apretarse el cinturón.

bend

to be round the bend GB *fam,* estar loco perdido.
to send somebody round the bend *fam,* sacar a alguien de quicio.

berth

to give somebody a wide berth, esquivar a alguien.

better

to get the better of somebody, llevarle ventaja a alguien, ganar a alguien.

bib

to be in one's best bib and tucker *fam,* ir de punta en blanco.

bill

to fit the bill, cumplir los requisitos.
to give somebody a clean bill of health, declarar a alguien en perfecto estado de salud.

bird

a bird in the hand is worth two in the bush, más vale pájaro en mano que ciento volando.
a little bird told me, me lo ha dicho un pajarito.
birds of a feather flock together, Dios los cría y ellos se juntan.
the bird has flown *fam,* el pájaro ha volado.
the early bird catches the worm, a quien madruga Dios le ayuda.
to be birds of a feather, ser de la misma calaña.
to do bird *arg,* estar en chirona.
to eat like a bird, comer como un pajarito.
to give somebody the bird GB *fam,* abuchear a alguien.
to kill two birds with one stone, matar dos pájaros de un tiro.

birthday

to be in one's birthday suit *fam,* ir uno como Dios lo trajo al mundo.

biscuit

to take the biscuit GB *fam,* ser el colmo.

bit

to be a bit of all right *fam,* estar como un tren.
to be thrilled to bits *fam,* estar como unas castañuelas.
to champ at the bit *fam,* consumirle a uno la impaciencia.
to do one's bit, aportar uno su granito de arena.
to take the bit between one's teeth, coger el toro por los cuernos.

bite

once bitten, twice shy, gato escaldado del agua fría huye.
to bite off more than one can chew, querer abarcar demasiado.

black
to put something down in black and white *fam,* poner algo por escrito.

blank
to draw a blank, no conseguir nada, no llegar a ninguna parte.

blanket
to be a wet blanket *fam,* ser un aguafiestas.

blast
at full blast, a toda potencia, a todo trapo.

bleed
to bleed somebody dry, chuparle la sangre a alguien, sacarle a alguien hasta el último céntimo.

blessing
it's a blessing in disguise, no hay mal que por bien no venga.
to count one's blessings, considerarse afortunado.

blind
it's (a case of) the blind leading the blind, tan ciego el uno como el otro.

blink
to be on the blink *fam,* estar averiado.

block
to knock somebody's block off *fam,* romperle la crisma a alguien.

blood
blood is thicker than water, la sangre tira.
to have blood on one's hands, tener las manos manchadas de sangre.
to make one's blood curdle, helársele la sangre a uno.
to make somebody's blood boil, encenderle la sangre a alguien.
to sweat blood, sudar sangre, sudar tinta, sudar la gota gorda.

bloom
in the bloom of youth, en la flor de la juventud.

blow
blow you! *fam,* ¡vete a hacer puñetas!
to blow hot and cold *fam,* ser un veleta, vacilar.
to blow it *fam,* pifiarla, cagarla: *now you've really blown it!,* ¡ahora sí que la has pifiado!

blue
out of the blue, como llovido del cielo.

board
to go by the board, irse al traste.
to sweep the board.
1 tener un éxito tremendo, arrasar.
2 llevarse todos los premios *(en una competición)*.
3 conseguir la mayoría de los escaños *(en unas elecciones)*.
to take on board.
1 asumir *(una responsabilidad)*.
2 adoptar *(un concepto, una idea)*.

boat
to be in the same boat, estar en la misma situación.
to burn one's boats, quemar las naves.
to miss the boat, perder el tren, perder la ocasión.
to push the boat out GB *fam,* echar la casa por la ventana.
to rock the boat, complicar las cosas.

Bob
Bob's your uncle! GB *fam,* ¡y listo!: *put it in the pan, boil for five minutes and Bob's your uncle!,* lo viertes en el cazo, lo hierves durante cinco minutos, ¡y listo!

body
over my dead body!, ¡ni pensarlo!, ¡de ninguna manera!
to keep body and soul together, arreglárselas para ir tirando.

bolt
like a bolt from the blue, como un jarro de agua fría: *it came like a bolt from the blue,* cayó como un jarro de agua fría, cayó como una bomba.
to shoot one's bolt, echar el resto, quemar uno su último cartucho.

bomb
to cost a bomb GB *fam,* costar un ojo de la cara.
to go down a bomb GB *fam,* tener mucho éxito, arrasar.
to go like a bomb GB *fam.*
1 ir como una bala *(un coche, una moto)*.
2 ser un exitazo *(una fiesta, un concierto)*.
to make a bomb GB *fam,* ganar un pastón.

bone
near the bone, verde, picante *(chiste)*.
to be a bag of bones *fam,* estar en los huesos.
to be as dry as a bone, estar más seco que una pasa.

to have a bone to pick with somebody, tener que ajustar las cuentas con alguien.

to make no bones about doing something, no vacilar en hacer algo.

to make no bones about something, no andarse por las ramas.

boo

he/she wouldn't say boo to a goose, es un miedica.

book

to be a closed book.

1 ser un misterio: *the stock market is a closed book to me,* la bolsa es un misterio para mí.

2 ser asunto zanjado: *his past life is now a closed book, it's time to look to the future,* su vida anterior ya es asunto zanjado, es hora de pensar en el futuro.

to be an open book, ser como un libro abierto.

to be in somebody's bad books, estar en la lista negra de alguien, no ser santo de la devoción de alguien.

to be in somebody's good books, gozar del aprecio de alguien.

to bring somebody to book, pedirle cuentas a alguien.

to read somebody like a book, conocer a alguien a fondo.

to throw the book at somebody, castigar duramente a alguien: *they're going to throw the book at him,* se le va a caer el pelo.

boot

the boot is on the other foot, se han vuelto las tornas.

to be as tough as old boots GB *fam.*

1 estar duro como la suela de un zapato *(la carne)*.

2 ser muy fuerte *(una persona)*.

to be too big for one's boots, ser un creído, ser un engreído.

to die with one's boots on, morir con las botas puestas.

to get the boot *fam,* ser puesto de patitas en la calle.

to give somebody the boot *fam,* poner a alguien de patitas en la calle.

to hang up one's boots, colgar las botas.

to lick somebody's boots *fam,* darle coba a alguien, hacerle la pelota a alguien.

to put the boot in GB *fam,* ensañarse, cebarse.

born

I wasn't born yesterday, no me chupo el dedo, no soy tonto.

bottle

to hit the bottle *fam,* darse a la bebida.

bottom

to be at the bottom of the heap *fam,* ser el último mono.

to get to the bottom of something, llegar al fondo de algo.

bow
to bow and scrape (to somebody), hacerle la pelota (a alguien).

box
to box clever, ir con mucho cuidado.

brain
to beat somebody's brains out *fam,* romperle la crisma a alguien.
to blow somebody's brains out *fam,* volarle la tapa de los sesos a alguien.
to have something on the brain, estar obsesionado con algo.
to pick somebody's brains, hacerle una consulta a alguien.
to rack one's brains, devanarse los sesos.

brake
to put a brake on something/somebody, poner trabas a algo/alguien.

brass
as bold as brass *fam,* tan fresco: *he went up to her as bold as brass,* se acercó a ella tan fresco.
to get down to brass tacks *fam,* ir al grano.

breach
to stand in the breach, estar en la brecha.
to step into the breach, llenar el hueco.

bread
man cannot live by bread alone, no sólo de pan vive el hombre.
to be the best thing since sliced bread *fam,* ser de lo mejorcito que hay.
to cast one's bread upon the water, hacer el bien sin mirar a quién.
to earn one's daily bread, earn one's bread and butter, ganarse la vida, ganarse el pan.
to know which side one's bread is buttered, saber lo que más le conviene a uno.
to take the bread out of somebody's mouth, quitarle el pan de la boca a alguien.

breadline
to live on the breadline, vivir en la miseria.

breast
to make a clean breast of something, confesar algo.

breath
in the same breath, a continuación, inmediatamente después.
to save one's breath, no gastar saliva.

to take one's breath away, dejar pasmado a uno, dejar a uno sin habla.
to waste one's breath, gastar saliva en balde, perder el tiempo.
under one's breath, en voz baja.

breathe
to breathe one's last, exhalar el último suspiro.

brick
it's like talking to a brick wall, es como hablarle a la pared.
to come up against a brick wall, darse de narices contra una pared.
to drop a brick GB *fam,* meter la pata, tirarse una plancha.

bridge
we'll cross that bridge when we come to it, ya nos ocuparemos de ese asunto cuando llegue el momento.

brush
to be tarred with the same brush *fam,* estar cortados por el mismo patrón, ser de la misma calaña.

buck
the buck stops here!, ¡la responsabilidad es mía/nuestra *etc.*!
to pass the buck to somebody *fam,* pasarle la pelota a alguien, cargarle el muerto a alguien.

bucket
to cry buckets *fam,* llorar a lágrima viva.
to kick the bucket *fam,* palmarla, estirar la pata.
to rain buckets *fam,* llover chuzos de punta, llover a cántaros.

bud
to nip something in the bud, cortar algo de raíz.

bull
to be like a bull at a gate, ser muy impetuoso.
to be like a bull in a china shop, ser un manazas, ser como un elefante en una cacharrería.
to shoot the bull *arg,* rajar, charlar.
to take the bull by the horns, coger el toro por los cuernos.

bullet
to bite the bullet, apechugar.

bum
to be on the bum US *fam,* vivir de gorra.
to give somebody the bum's rush *fam,* echar a alguien con cajas destempladas.

bun
to have a bun in the oven *fam,* estar embarazada.

bunch
a bunch of fives *fam,* un puñetazo.

bundle
to go a bundle on something *fam,* volverse loco, pirrarse: *I don't go a bundle on pizzas,* no me chiflan las pizzas.

burner
to put something on the back burner, aparcar algo, dejar algo aparcado.

bush
to beat about the bush, andarse por las ramas, andarse con rodeos.

business
to be the business *fam,* molar, ser muy guay: *these shoes really are the business,* estos zapatos molan cantidad.
to get down to business, entrar en materia.
to mean business, ir en serio.
to send somebody about their business, mandar a alguien a paseo.

butcher
to have a butcher's GB *arg,* echar un vistazo.

butt
to work one's butt off US *fam,* dar el callo, romperse los cuernos.

butter
to look as if butter wouldn't melt in one's mouth: *she looked as if butter wouldn't melt in her mouth,* parecía como si no hubiera roto nunca un plato, parecía una mosquita muerta.

butterfly
to have butterflies in one's stomach, sentir un cosquilleo en el estómago, estar nervioso.

bygone
let bygones be bygones, lo pasado, pasado está.

cake
to go like hot cakes, sell like hot cakes, venderse como rosquillas.
to have one's cake and eat it, querer estar en misa y repicando.
to take the cake *fam,* llevarse la palma.

can
to carry the can GB *fam,* cargar con las culpas, pagar el pato.
to open up a can of worms *fam,* destapar un escándalo.

candle
not to hold a candle to somebody *fam,* no llegarle a alguien a la suela del zapato.
to burn the candle at both ends, trabajar de sol a sol.

canoe
to paddle one's own canoe, arreglárselas solo.

cap
if the cap fits (wear it), el que se pica, ajos come; a quien le pique, que se rasque.
to go cap in hand, suplicar humildemente.

card
the cards are stacked against us/them, lo tenemos/lo tienen todo en contra.
to be on the cards, estar cantado *(algo)*.
to get one's cards GB *fam,* ser despedido.
to lay one's cards on the table, poner las cartas boca arriba/sobre la mesa.
to play one's cards right, jugar uno bien sus cartas.

carpet
to have somebody on the carpet *fam,* echarle una buena a alguien, poner a alguien a caldo.
to sweep something under the carpet, correr un velo sobre algo, echar tierra encima de algo.

cart
to put the cart before the horse, empezar la casa por el tejado.

castle
(to build) castles in the air, (hacer) castillos en el aire.

cat
has the cat got your tongue? *fam,* ¿se te ha comido la lengua el gato?
to be like a cat on hot bricks, like a cat on a hot tin roof, estar en ascuas, sobre ascuas.
to let the cat out of the bag, descubrir el pastel, irse de la lengua.
to play cat and mouse with somebody, jugar al gato y al ratón con alguien.
to put the cat among the pigeons, alborotar el cotarro, alborotar el gallinero.

to rain cats and dogs *fam,* llover a mares, llover a cántaros.
to think one is the cat's pyjamas/cat's whiskers *fam,* creerse el ombligo del mundo, creerse el rey del mambo.
when the cat's away, the mice will play, cuando el gato duerme, bailan los ratones.

catch
to catch somebody napping, coger a alguien desprevenido.
to catch somebody red-handed, coger a alguien con las manos en la masa, coger a alguien in fraganti.

caution
to throw caution to the wind, liarse la manta a la cabeza.

ceiling
to hit the ceiling *fam,* poner el grito en el cielo.

chalk
not by a long chalk GB *fam,* ni por mucho, ni de lejos.
to be as different as chalk and cheese *fam,* ser la noche y el día, parecerse como un huevo a una castaña.

change
to have a change of heart, cambiar de idea.

chapter
to quote chapter and verse, citar textualmente.

charity
charity begins at home, la caridad (bien entendida) empieza por uno mismo.

charm
to work like a charm, funcionar a las mil maravillas.

cheek
cheek by jowl (with somebody), codo con codo, uno junto al otro.
to turn the other cheek, poner la otra mejilla.

cheese
to cut the cheese US *arg,* tirarse un pedo.

cheque
to give somebody a blank cheque to do something, darle a alguien carta blanca para hacer algo.

chest
to get something off one's chest, desahogarse.

chicken
don't count your chickens before they're hatched, no hagas como en el cuento de la lechera, no hagas cuentas galanas.

chimney
to smoke like a chimney *fam,* fumar como un carretero.

chin
to keep one's chin up, no desanimarse.

chink
the chink in somebody's armour, el punto débil de alguien.

chip
a chip off the old block *fam,* de tal palo tal astilla.
to cash in one's chips *fam,* estirar la pata, diñarla.
to have a chip on one's shoulder *fam,* ser un resentido, estar amargado.
when the chips are down *fam,* a la hora de la verdad.

chord
to strike a chord with somebody, tocarle la fibra sensible a alguien, calar hondo en alguien.

chump
to be off one's chump GB *fam,* estar mal de la azotea.

circle
to come/go full circle, volver al punto de partida.
to go round (and round) in circles.
1 volver sobre lo mismo *(alguien)*.
2 no ir a ninguna parte *(en una discusión)*.
to square the circle, cuadrar el círculo.

clanger
to drop a clanger GB *fam,* meter la pata, tirarse una plancha.

clapper
to go like the clappers GB *fam,* ir como un bólido.

claw
to get one's claws into somebody.
1 *she's got her claws into Tom, they'll be married within six months, just you see,* Tom ha caído en sus garras, dentro de seis meses estarán casados, ya verás.
2 *when she gets her claws into somebody, she really tears them apart,* cuando se ensaña con alguien, lo deja hecho un trapo.

cleaner
to take somebody to the cleaners *fam,* dejar limpio a alguien, dejar sin blanca a alguien.

cloud
every cloud has a silver lining, no hay mal que por bien no venga.
to be on cloud nine *fam,* estar en el séptimo cielo.

clover
to be/live in clover *fam,* vivir a cuerpo de rey, darse la gran vida.

club
to be in the club GB *fam,* estar en estado, estar embarazada.

coach
to drive a coach and horses through something, saltarse algo a la torera.

coal
to carry coals to Newcastle, llevar leña al monte.
to haul somebody over the coals, echarle un rapapolvo a alguien.

coast
the coast is clear, no hay moros en la costa.

coat
to cut one's coat according to one's cloth, vivir según sus posibilidades.
to trail one's coat, buscar pelea.

cockle
to warm the cockles of somebody's heart, enternecer a alguien.

cold
to be left out in the cold, quedarse al margen.

collar
to get hot under the collar *fam,* sulfurarse, subirse por las paredes.

colour
let's see the colour of your money!, ¡a ver ese dinero!, ¡primero el dinero!
to do something with flying colours, salir airoso de algo.
to nail one's colours to the mast, tomar partido.
to show one's true colours, mostrarse tal como se es, mostrarse uno como es en realidad.

comb
to go through something with a fine-tooth comb, mirar algo con lupa.

come

easy come, easy go, así como viene se va.
to come home to somebody, darse cuenta: *it suddenly came home to me that I was all alone,* de repente me di cuenta de que estaba totalmente solo.

comfort

to be cold comfort, no servir de consuelo.

common

common or garden *fam,* vulgar y corriente.

concert

at concert pitch (for), completamente preparado (para).

cook

too many cooks spoil the broth, muchas manos en un plato hacen mucho garabato.

copybook

to blot one's copybook *fam,* manchar su reputación.

core

to the core, hasta la médula: *he's rotten to the core,* está corrompido hasta la médula, está totalmente corrompido.

corner

to be in a tight corner, estar en un aprieto.
to turn the corner, haber pasado lo peor.

count

to be out for the count, estar fuera de combate.

counter

under the counter, bajo mano, clandestinamente.

courage

to pluck up courage to do something, armarse de valor para hacer algo.
to screw up one's courage, armarse de valor.
to take one's courage in both hands, hacer de tripas corazón.

course

to stay the course, resistir hasta el final.

court

to hold court, estar rodeado de admiradores.

Coventry
to send somebody to Coventry, hacerle el vacío a alguien.

cow
until the cows come home *fam,* hasta el día del juicio final, hasta que las ranas crien pelo.

crack
to give somebody a fair crack of the whip GB *fam,* darle una oportunidad a alguien.

cradle
from the cradle to the grave, durante toda la vida.

creek
to be up the creek *fam,* estar en un apuro.

creep
to give somebody the creeps *fam,* darle escalofríos a alguien, ponerle la piel de gallina a alguien.

crest
on the crest of a wave, en la cresta de la ola.

cricket
that's not cricket GB, eso no se hace, eso no es jugar limpio.

crime
crime doesn't pay, no hay crimen sin castigo.

cropper
to come a cropper *fam.*
1 darse un batacazo, pegarse un batacazo.
2 fracasar.

crossfire
to be caught in the crossfire, estar entre dos fuegos.

crow
as the crow flies, en línea recta.
to eat crow US *fam,* tener que morder el polvo, admitir que se está equivocado.

crowd
to move with the crowd, follow the crowd, seguir a la mayoría, dejarse llevar por la corriente.

cruel
you've got to be cruel to be kind, quien bien te quiere te hará llorar.

crunch
when it comes to the crunch, a la hora de la verdad.

cry
to be a far cry from, no tener nada que ver con.

cucumber
as cool as a cucumber *fam,* más fresco que una lechuga.

cud
to chew the cud *fam,* rumiar.

cudgel
to take up the cudgels on behalf of somebody/something, salir en defensa de alguien/algo, romper una lanza por alguien/algo.

cue
to take one's cue from somebody, seguir el ejemplo de alguien.

cup
to be somebody's cup of tea: *tennis isn't my cup of tea,* no me gusta el tenis, el tenis no es lo mío; *John isn't my cup of tea,* John no es santo de mi devoción.

curate
to be a curate's egg, be like the curate's egg GB, no ser malo del todo, tener su lado bueno y su lado malo.

curiosity
curiosity killed the cat, por querer saber, la zorra perdió la cola.

curtain
to be curtains *fam,* ser el fin: *it's curtains for you,* estás acabado.

cut
to be a cut above somebody/something, ser superior a alguien/algo.
to cut it fine, dejar algo para muy tarde: *you're cutting it a bit fine, the train leaves in half an hour!,* ¡vas con el tiempo muy justo, el tren sale en media hora!

dagger
to be at daggers drawn with somebody, estar a matar con alguien.
to look daggers at somebody, fulminar a alguien con la mirada, lanzarle a alguien una mirada asesina.

daisy
as fresh as a daisy, fresco como una rosa.
to be pushing up (the) daisies *fam,* estar criando malvas.

damage
what's the damage? *fam,* tráeme la dolorosa, ¿cuánto se debe?

dammit
as near as dammit GB *fam,* poco más o menos.

damn
not to be worth a damn *fam,* no valer un pimiento.
not to give a damn *fam: I don't give a damn,* me importa un bledo/un pito/un comino/un rábano.

damper
to put a damper on something, estropear algo, amargar algo: *the bad weather put a damper on our holiday,* el mal tiempo nos estropeó las vacaciones.

dance
to lead somebody a merry dance GB, llevar/traer a alguien al retortero.

dark
to be in the dark, no saber nada.
to keep somebody in the dark, ocultarle algo a alguien.

dash
to cut a dash, causar sensación, llamar la atención.
to make a dash for something *fam,* salir disparado hacia algo.

day
a nine days' wonder: *the singer was a nine days' wonder,* el cantante tuvo un éxito efímero.
in all my born days *fam,* en (toda) mi vida.
it's all in a day's work, forma parte del trabajo, son gajes del oficio.
it's still early days, aún es pronto.
that'll be the day *fam,* cuando las ranas críen pelo.
to be ... if one's a day, tener como mínimo... años: *she's 50 if she's a day,* como mínimo tiene 50 años, no puede tener menos de 50 años.
to call it a day, dar algo por terminado.
to have had one's day, haber pasado a la historia.
to have seen better days, haber conocido tiempos mejores.
to make a day of it, quedarse todo el día.
to make somebody's day, alegrarle la vida a alguien.
to save for a rainy day, ahorrar para los tiempos difíciles.
to save the day, salvar la situación.
to win the day, llevarse la palma, triunfar.

daylight

to beat/knock the living daylights out of somebody *fam,* pegarle una soberana paliza a alguien.

to scare/frighten the living daylights out of somebody *fam,* darle un susto de muerte a alguien.

dead

not to be seen/caught dead *fam*: *I wouldn't be seen/caught dead with him,* no saldría con él por nada del mundo, no saldría con él ni muerta; *I wouldn't be seen/caught dead in that shirt,* no me pondría esa camisa por nada del mundo, no me pondría esa camisa ni muerto.

death

at death's door, a las puertas de la muerte.

to die a death *fam,* quedar en nada.

to hang on/hold on like grim death, agarrarse/aferrarse uno con todas sus fuerzas.

to look like death warmed up, parecer un muerto viviente, parecer un cadáver.

deck

to clear the decks *fam*: *right, let's clear the decks and get down to work!,* ¡zafarrancho de combate, que hay que trabajar!

to hit the deck *fam,* caerse al suelo.

depth

to be out of one's depth: *sorry, but when it comes to biochemistry I'm out of my depth,* lo siento, pero no tengo ni idea de bioquímica.

deserts

to get one's just deserts, llevarse uno su merecido.

devil

better the devil you know (than the devil you don't), más vale malo conocido que bueno por conocer.

talk/speak of the devil, hablando del rey de Roma (por la puerta asoma).

to be between the devil and the deep blue sea, estar entre la espada y la pared.

to play devil's advocate, hacer de abogado del diablo.

die

the die is cast, la suerte está echada.

difference

let's sink our differences, hagamos las paces.

dime
to be a dime a dozen US *fam*.
1 haber a porrillo/a montones/a patadas.
2 estar tirado de precio.

dirt
to be as common as dirt, ser muy ordinario.
to dig (up) the dirt on somebody *fam*, sacar a relucir los trapos sucios de alguien.
to fling/throw dirt at somebody, manchar la reputación de alguien.
to treat somebody like dirt, tratar a alguien como a un perro, tratar a alguien a patadas.

dirty
to do the dirty on somebody GB *fam*, jugarle una mala pasada a alguien.

discretion
discretion is the better part of valour, una retirada a tiempo es una victoria.

dish
to dish it out *fam*, repartir leña.

distance
to go the distance, aguantar hasta el final.
to keep one's distance, guardar las distancias.
to keep somebody at a distance, guardar las distancias con alguien, tratar a alguien con frialdad.

ditch
to the last ditch, hasta el final.

do
easy does it *fam*, despacito y buena letra.
what is done cannot be undone, a lo hecho, pecho.

dodge
to be up to all the dodges *fam*, sabérselas todas.

dodo
as dead as a dodo *fam*, muerto y bien muerto, requetemuerto.

dog
a dog's life, una vida de perros.
every dog has its day, a todos les llega su momento de gloria.
it's dog eat dog, hay una competencia despiadada.
let sleeping dogs lie *fam*, mejor no meneallo.

not to have a dog's chance *fam,* no tener ni la más remota posibilidad.
to be dressed up like a dog's dinner *fam,* ir hecho un mamarracho.
to go to the dogs *fam,* venirse abajo.
to put on the dog US *fam,* darse pisto.
you can't teach an old dog new tricks, loro viejo no aprende a hablar.

doghouse
to be in the doghouse *fam,* haber caído en desgracia.

doldrums
to be in the doldrums.
1 estar deprimido *(una persona)*.
2 estar estancado *(un negocio)*.

dollar
to bet one's bottom dollar *fam,* apostar lo que sea: *you can bet your bottom dollar that ...,* me apuesto lo que sea a que...

done
what's done is done, a lo hecho, pecho.

donkey
donkey's years *fam,* siglos, mucho tiempo: *we've known each other for donkey's years,* nos conocemos desde hace siglos.

door
by the back door, de forma ilegal, ilegalmente.
to lay something at somebody's door, echarle la culpa de algo a alguien.
to show somebody the door, enseñarle la puerta a alguien, echar a alguien.

doormat
to treat somebody like a doormat, pisotear a alguien, tratar a alguien como un trapo.

dose
to give somebody a dose of their own medicine, pagar a alguien con la misma moneda.

drain
to go down the drain, echarse a perder.
to laugh like a drain GB *fam,* reírse a carcajada limpia.

draw
to be quick on the draw *fam,* pescarlas al vuelo.

drawing board
to go back to the drawing board, volver a empezar de cero, empezar de nuevo.

dress
all dressed up and nowhere to go, compuesta y sin novio.
to be dressed to kill *fam,* ir de punta en blanco, ir de tiros largos.

driver
to be in the driver's seat, llevar las riendas, llevar la batuta.

drop
a drop in the ocean, una gota de agua en el mar, un grano de arena en el desierto.
to do something at the drop of a hat, hacer algo en cualquier momento, hacer algo sin más ni más.

duck
sitting duck *fam,* presa fácil, blanco seguro.
to be a dead duck *fam,* ser un fracaso seguro.
to take to something like a duck to water *fam*: *he took to teaching like a duck to water,* se puso a dar clase como si llevara toda la vida haciéndolo.

dust
not to see somebody for dust *fam*: *ask him to help you and you won't see him for dust,* pídele que te ayude y pondrá pies en polvorosa.
to be as dry as dust, ser un auténtico tostón, ser muy árido.
to bite the dust *fam.*
1 morder el polvo *(una persona).*
2 irse a pique *(un plan etc).*
when the dust has settled, cuando se calme la borrasca, cuando haya pasado la tormenta.

Dutch
to go Dutch (with somebody), pagar cada uno lo suyo, pagar a escote.

Dutchman
I'm a Dutchman *fam,* yo soy el Papa de Roma: *if this picture is a genuine Picasso then I'm a Dutchman,* si este cuadro es un Picasso auténtico yo soy el Papa de Roma.

ear
to be all ears, ser todo oídos.
to be out on one's ear *fam,* encontrarse de patitas en la calle.
to be up to one's ears in something *fam,* estar hasta el cuello de algo.

to be wet behind the ears *fam,* estar muy verde, estar en pañales.
to fall on deaf ears, caer en oídos sordos.
to go in (at) one ear and out (at) the other *fam: he just doesn't listen to what I say, it goes in at one ear and out at the other,* es que no escucha lo que le digo, por un oído le entra y por otro le sale.
to have the ear of somebody, tener enchufe con alguien.
to keep one's ear to the ground, tener las antenas puestas.
to lend an ear (to somebody), prestar atención (a alguien).
to play it by ear, improvisar, decidir sobre la marcha.
to prick up one's ears, aguzar el oído.
to turn a deaf ear, hacerse el sordo, hacer oídos sordos.

earth
to come (back) down to earth, volver a la realidad.
to cost the earth *fam,* costar un ojo de la cara, costar un riñón, costar una fortuna.
to feel/look like nothing on earth *fam,* encontrarse fatal, tener un aspecto horrible.
to promise somebody the earth, prometerle a alguien el oro y el moro.

eat
to eat somebody alive, comerse vivo a alguien.

ebb
to be at a low ebb.
1 estar con la moral baja *(una persona).*
2 ir mal *(un negocio).*
3 estar en un punto bajo, estar en un momento malo *(relaciones).*

egg
as sure as eggs is eggs, (tan seguro) como que dos y dos son cuatro.
to be a bad egg *fam,* ser una mala persona, ser un sinvergüenza.
to have egg on one's face *fam,* quedar en ridículo.
to put all one's eggs in one basket, jugárselo todo a una carta.

eight
to have had one over the eight *fam,* llevar una copa de más.

elbow
to give somebody the elbow GB *fam.*
1 darle la patada a alguien *(a un empleado).*
2 romper con alguien *(un novio, una novia).*

element
to be in one's element, estar en su elemento, estar como pez en el agua.

to be out of one's element, estar como pez fuera del agua.

end

all's well that ends well, bien está lo que bien acaba.

at the end of the day, al fin y al cabo, a fin de cuentas.

it's not the end of the world, no es el fin del mundo.

to be at a loose end (US at loose ends) *fam,* no tener nada que hacer.

to be at the end of one's tether, no poder más.

to be thrown in at the deep end *fam,* tener que empezar por lo más difícil.

to come to a sticky end *fam,* acabar mal.

to get (hold of) the wrong end of the stick *fam,* coger el rábano por las hojas.

to go off at the deep end GB *fam,* salirse de sus casillas, perder los estribos.

to keep one's end up GB *fam,* no desfallecer.

to make ends meet *fam,* llegar a fin de mes.

to tie up loose ends, no dejar cabo suelto.

envy

to be green with envy, estar corroído por la envidia, morirse de envidia.

err

to err is human (to forgive divine), errar es de humanos.

event

to be wise after the event, hablar a toro pasado.

evil

the lesser of two evils, el mal menor.

exception

the exception proves the rule, la excepción confirma la regla.

eye

an eye for an eye, ojo por ojo.

if you had half an eye, si tuvieras dos dedos de frente.

it hits you in the eye, salta a la vista.

there's more to this than meets the eye, esto es más complicado de lo que parece.

to be all eyes, ser todo ojos.

to be one in the eye for somebody *fam,* suponer un chasco para alguien.

to be unable to look somebody in the eye, no poder mirar a alguien a la cara.

to be up to one's eyes in something, estar hasta el cuello de algo: *I'm up to my eyes in work today,* hoy estoy hasta el cuello de trabajo.

to catch somebody's eye, llamar la atención de alguien.

to close one's eyes to something, cerrar los ojos a algo.

to cry one's eyes out, llorar a lágrima viva, deshacerse en lágrimas.

to give somebody the eye, lanzarle miraditas a alguien.

to go into something with one's eyes wide open, saber muy bien dónde se está metiendo uno.

to have an eye for something, tener buen ojo para algo.

to have eyes in the back of one's head *fam,* darse cuenta de todo, tener ojos en la nuca.

to keep one's eyes open, keep one's eyes peeled *fam,* andarse con mucho ojo, andarse con cien ojos.

to open somebody's eyes, abrirle los ojos a alguien.

to open somebody's eyes to something, hacerle ver algo a alguien.

to see eye to eye with somebody, estar de acuerdo con alguien.

to turn a blind eye, hacer la vista gorda, hacerse el sueco.

eyelid

without batting an eyelid, sin pestañear, sin inmutarse.

eyetooth

to give one's eyeteeth *fam,* dar lo que fuera, dar cualquier cosa: *I'd give my eyeteeth for a yacht like that,* daría lo que fuera por un yate como ése.

face

shut your face! *fam,* ¡cierra el pico!, ¡cállate la boca!

to fall flat on one's face, caerse de bruces.

to have something written all over somebody's face, notársele a alguien algo en la cara: *it's written all over your face,* se te nota en la cara.

to keep a straight face, contener la risa.

to look somebody in the face, mirar a alguien a la cara.

to lose face, quedar mal.

to make faces, pull faces, hacer muecas.

to pull a long face, poner cara larga.

to put a brave face on, poner a mal tiempo buena cara.

to save face, salvar las apariencias.

to say something until one is blue in the face, repetir algo hasta la saciedad.

to show one's face, aparecer: *he'll never show his face round here again,* no volverá a aparecer por aquí nunca más.

to stare somebody in the face.

1 saltar a la vista: *the answer was staring us in the face,* teníamos la respuesta delante de las narices.

2 estar a un paso: ***death was staring him in the face,*** estaba a un paso de la muerte.

to stuff one's face *fam,* hartarse de comida, atiborrarse, ponerse morado.

with a face as black as thunder, con cara de pocos amigos.

fall
to fall flat.

1 salir mal, no tener éxito *(un proyecto).*

2 no hacer gracia *(un chiste).*

to fall foul of somebody/something, entrar en conflicto con alguien/algo.

familiarity
familiarity breeds contempt, la confianza da asco.

family
to be in the family way, estar embarazada.

farthing
it's not worth a brass farthing, no vale un real.

not a brass farthing *fam,* ni un duro: ***he hasn't got a brass farthing,*** no tiene ni un duro.

fat
the fat is in the fire *fam,* la cosa está que arde, se va a armar una buena.

to live off the fat of the land, vivir a cuerpo de rey.

father
like father like son, de tal palo, tal astilla.

feather
to be a feather in one's cap, ser un triunfo personal.

you could've knocked me down with a feather *fam,* me quedé patidifuso, casi me caigo de espaldas.

feel
to feel out of it, sentirse excluido.

feeler
to put out feelers, tantear el terreno.

fence
to sit on the fence, ver los toros desde la barrera, nadar entre dos aguas.

fetch
to fetch and carry for somebody, ser el machaca de alguien.

fettle
to be in fine fettle, estar en plena forma.

fever
to be at fever pitch, estar al rojo vivo.

few
few and far between, poquísimos, contadísimos.

fiddle
to be as fit as a fiddle *fam,* estar fuerte como un roble.
to be on the fiddle GB *fam,* estar metido en chanchullos.
to play second fiddle *fam,* ser plato de segunda mesa.

field
to have a field day *fam.*
1 pasarlo bomba.
2 ponerse las botas.
to play the field *fam,* ir de ligue.

fig
not care a fig, not give a fig: *I don't care/give a fig,* me importa un bledo/un comino/un pimiento/un rábano.

finder
finders keepers (losers weepers) *fam,* quien lo encuentra se lo queda.

finger
to be all fingers and thumbs GB *fam,* ser un manazas.
to get one's fingers burnt *fam,* pillarse los dedos.
to get/pull one's finger out GB *fam,* espabilarse.
to have a finger in every pie *fam,* estar metido en todo.
to have green fingers GB, tener buena mano para las plantas.
to have light/sticky fingers *fam,* tener las manos largas.
to have one's finger on the pulse, estar al corriente de lo que sucede.
to have one's fingers in the till *fam,* robar (de la empresa), meter mano en la caja.
to keep one's fingers crossed *fam,* cruzar los dedos.
to put one's finger on something *fam,* identificar algo: *there's something odd about him, but I can't put my finger on what it is,* hay algo raro en él, pero no sabría decir qué.
to twist somebody round one's little finger, hacer con alguien lo que se quiere, meterse a alguien en el bolsillo.
to work one's fingers to the bone, dar el callo, trabajar como un esclavo.

fingertip
to have something at one's fingertips, saberse algo al dedillo.

fire
to come under fire, ser muy criticado.
to play with fire, jugar con fuego.

first
first come, first served, el que llega primero tiene prioridad.

fish
like a fish out of water, como pez fuera del agua, como gallo en corral ajeno.
there are plenty more fish in the sea, hay mucho más donde elegir.
to drink like a fish, beber como un cosaco, beber como una esponja.
to have other fish to fry, tener cosas más importantes que hacer.

fit
by/in fits and starts, a trompicones, a trancas y barrancas.
to be in fits (of laughter), desternillarse de risa, troncharse de risa.
to have/throw a fit *fam,* darle un ataque a uno: *she'd have a fit if she knew,* si lo supiera le daría un ataque.

flag
to fly the flag, defender el pabellón.
to keep the flag flying, mantener alto el pabellón.

flap
to get into a flap *fam,* perder los papeles, ponerse muy nervioso.

flat
and that's flat *fam,* y no hay más que hablar.
to go flat out *fam,* ir a toda pastilla, ir a todo gas.

flea
to send somebody away with a flea in their ear, echar a alguien con cajas destempladas.

flesh
in the flesh, en persona, en carne y hueso.
to be one's own flesh and blood: *he's my own flesh and blood,* es sangre de mi sangre.
to make somebody's flesh crawl/creep, ponerle a alguien la piel de gallina.

flit
to do a (moonlight) flit GB *fam,* irse a la chita callando *(para no pagar).*

floor

to wipe the floor with somebody *fam,* hacerle morder el polvo a alguien, aplastar a alguien.

fly

not to hurt a fly, ser incapaz de matar una mosca.

there are no flies on ..., no se chupa el dedo, no tiene un pelo de tonto.

to drop/fall like flies, caer como moscas.

fool

a fool and his money are soon parted, a los tontos pronto se les acaba el dinero.

not to suffer fools gladly, no aguantar a los imbéciles.

there is no fool like an old fool, no hay peor tonto que un tonto viejo.

to act/play the fool, hacer el tonto, hacer el payaso.

to be nobody's fool, no chuparse el dedo, no tener un pelo de tonto.

foot

my foot! *fam,* ¡y un cuerno!

to be dead on one's feet, estar hecho polvo, no tenerse en pie.

to be rushed off one's feet, no parar, ir de culo: *she's been rushed off her feet all day,* no ha parado de trabajar en todo el día.

to drag one's feet *fam,* dar largas al asunto, hacerse el remolón.

to fall/land on one's feet, caer de pie.

to find one's feet, acostumbrarse, habituarse.

to get a foot in the door, empezar a abrirse paso.

to get cold feet (about doing something), entrarle miedo a alguien (de hacer algo).

to get off on the wrong foot *fam,* empezar con mal pie.

to have both feet on the ground, tener los pies en la tierra/en el suelo.

to have feet of clay, tener pies de barro.

to have itchy feet, tener ganas de viajar.

to have one foot in the grave *fam,* estar con un pie en la sepultura, tener un pie en la tumba.

to put a foot wrong, dar un paso en falso, equivocarse.

to put one's feet up, descansar.

to put one's foot down *fam,* imponerse, ponerse firme.

to put one's foot in it *fam,* meter la pata.

to shoot oneself in the foot *fam,* meter un gol en portería propia.

to stand on one's own two feet, apañárselas solo, valerse por sí mismo.

to sweep somebody off his/her feet, hacerle perder la cabeza a alguien: *she dreamed of a man who would sweep her off her feet,* soñaba con un hombre del que pudiera enamorarse locamente.

footloose
footloose and fancy-free, libre como el viento.

footstep
to follow in somebody's footsteps, seguir los pasos de alguien.

fort
to hold the fort, quedarse vigilando, hacerse cargo.

four
on all fours, a gatas.

frazzle
to be worn to a frazzle *fam,* quedarse reventado, estar hecho polvo.

friend
a friend in need (is a friend indeed), en la necesidad se conoce a los amigos.
to have friends in high places, estar muy bien relacionado, tener influencias.

frog
to have a frog in one's throat, tener carraspera.

fruitcake
to be as nutty as a fruitcake *fam,* estar más loco que una cabra.

frying pan
to jump out of the frying pan into the fire, salir del fuego para meterse en las brasas, salir de Guatemala para entrar en Guatepeor.

fuel
to add fuel to the flames, echar leña al fuego.

funeral
it's your funeral! *fam,* ¡eso es cosa tuya!, ¡con tu pan te lo comas!, ¡allá tú!

fuse
to blow a fuse, estallar, explotar.

fuss
not to be fussed *fam,* darle igual a uno: *what do you want to do? —I'm not fussed,* ¿qué quieres hacer? —me da igual.
to make a fuss of somebody, hacerle carantoñas a alguien, hacerle fiestas a alguien.

gaff
to blow the gaff GB *fam,* descubrir el pastel.

gallery
to play to the gallery, actuar de cara a la galería.

game
the game is up, se acabó el juego.
to be on the game GB *arg,* hacer la calle, ejercer la prostitución.
to give the game away, descubrir el pastel.
to play a waiting game, esperar el momento oportuno.
to play the game, jugar limpio.
two can play at that game, donde las dan las toman.

garden
to lead somebody up the garden path *fam,* engañar a alguien, embaucar a alguien.

gas
to step on the gas *fam,* acelerar, pisar el acelerador.

gasp
to be at one's last gasp, estar en las últimas, agonizar.

gatepost
between you, me, and the gatepost *fam,* entre nosotros, en confianza.

gauntlet
to run the gauntlet of something, sufrir algo, aguantar algo.
to take up the gauntlet, recoger el guante, aceptar el desafío.
to throw down the gauntlet, arrojar el guante.

ghost
to give up the ghost *fam.*
1 entregar el alma, morirse *(una persona).*
2 pasar a mejor vida *(un coche, un televisor).*

gift
to have the gift of the gab *fam,* tener un pico de oro, tener mucha labia.

gill
to look pale/green about the gills *fam,* tener muy mala cara.

glove
to fit somebody like a glove, sentarle a alguien como un guante.

go
it's no go, es inútil, no hay nada que hacer.
to be all the go *fam,* estar muy de moda.
to have a go at somebody *fam,* criticar a alguien, meterse con alguien.
to have a lot going for you, tener muchos puntos a su favor.
to make a go of something, sacar algo adelante, tener éxito en algo.

goat
to get somebody's goat *fam,* sulfurar a alguien, sacar de quicio a alguien.

going
when the going gets tough ... *fam,* cuando las cosas se ponen feas...
while the going is good, mientras podamos, mientras tengamos la oportunidad.

gold
all that glitters is not gold, no es oro todo lo que reluce.
to be as good as gold, ser un ángel.

good
to deliver the goods *fam,* cumplir lo prometido.

goose
to cook somebody's goose *fam,* fastidiarle los planes a alguien.
to kill the goose that lays the golden eggs, matar la gallina de los huevos de oro.

gooseberry
to play gooseberry GB *fam,* hacer de carabina, llevar la cesta.

grab
to be up for grabs *fam,* estar disponible.

grace
to fall from grace, caer en desgracia.

grade
to make the grade *fam,* tener éxito, triunfar.

grain
to go against the grain, ir en contra de los principios de alguien: *it goes against the grain,* va en contra de mis principios.

grape
sour grapes!, ¡envidia cochina!: *it's just sour grapes with her,* está muerta de envidia.

grapevine

to hear it on the grapevine *fam,* enterarse por radio macuto, escucharlo en radio macuto.

grass

not to let the grass grow under one's feet, no perder el tiempo, no quedarse dormido.

the grass is always greener on the other side (of the fence), nadie está contento con su suerte.

to put somebody out to grass *fam,* jubilar a alguien.

grasshopper

to be knee-high to a grasshopper *fam,* ser un renacuajo.

grave

as silent as the grave, como una tumba.

to dig one's own grave, cavarse su propia tumba.

to turn in one's grave: *your grandmother must be turning in her grave!,* ¡si tu abuela levantara la cabeza!

Greek

it's all Greek to me *fam,* me suena a chino.

grin

to grin and bear it, poner al mal tiempo buena cara.

grip

to come/get to grips with.

1 abordar, enfrentarse a *(un problema, un reto).*

2 aceptar, asumir *(una situación).*

to get a grip on oneself, controlarse.

to lose one's grip, perder el control.

ground

to be on firm ground, saber uno qué terreno pisa.

to be on one's own ground, estar en su elemento.

to be thin on the ground *fam,* escasear, haber muy pocos: *good plumbers are thin on the ground these days,* hoy en día los buenos fontaneros escasean/se pueden contar con los dedos de una mano.

to break new ground, abrir nuevos caminos/horizontes.

to cut the ground from under somebody's feet, minarle/socavarle el terreno a alguien.

to drive/run/work oneself into the ground, dejarse el pellejo trabajando.

to fall on stony ground, caer en saco roto.

to gain ground, ganar terreno.

to get off the ground, llevarse a cabo, realizarse *(un plan, un proyecto).*

to go to ground, esconderse.
to hold/keep/stand one's ground, mantenerse firme, seguir en sus trece.
to lose ground, perder terreno.
to prepare the ground (for something), preparar el terreno (para algo).
to shift/change one's ground, cambiar de postura.
to suit somebody down to the ground *fam*.
1 venirle a alguien de perlas/de perillas *(una situación)*.
2 quedarle a alguien que ni pintado *(ropa)*.

guard
to be off one's guard, estar desprevenido.
to be on one's guard, estar en guardia, estar alerta.

gumtree
to be up a gumtree *fam,* estar en un aprieto, estar metido en un lío.

gun
to go great guns *fam,* ir a las mil maravillas, ir viento en popa.
to jump the gun *fam,* precipitarse, adelantarse a los acontecimientos.
to stick to one's guns *fam,* seguir en sus trece, mantenerse firme.

gut
to cough one's guts up *fam,* toser hasta reventar.
to hate somebody's guts *fam,* odiar a alguien a muerte, no poder ver a alguien ni en pintura.
to have somebody's guts for garters *fam,* sacarle las tripas a alguien.
to work/slog/sweat one's guts out *fam,* echar los bofes.

hackles
to make somebody's hackles rise, put somebody's hackles up, poner furioso a alguien, enfurecer a alguien.

hair
keep your hair on! GB *fam,* ¡cálmate!, ¡no te sulfures!
not to turn a hair, no inmutarse.
to have somebody by the short hairs *fam,* tener a alguien bien agarrado.
to let one's hair down *fam,* soltarse la melena, desmadrarse.
to make somebody's hair stand on end *fam,* ponerle a alguien los pelos de punta.
to split hairs, hilar muy fino, buscarle tres pies al gato.
to tear one's hair out *fam,* tirarse de los pelos, subirse por las paredes.

half

and a half *fam,* muy bueno: *that was a meal and a half,* ¡vaya comida que nos hemos pegado!

not half GB *fam,* ¡ya lo creo!, ¡y cómo!: *do you fancy a beer? —not half!,* ¿te apetece una cerveza? —¡ya lo creo!; *it isn't half cold today!,* ¡vaya frío que hace hoy!; *she isn't half ugly,* es feísima; *it doesn't half use some petrol,* gasta muchísima gasolina; *she can't half sing,* canta fenomenal.

to do things by halves, hacer las cosas a medias.

to go halves on something, pagar algo a medias.

half-cock

to go off at half-cock, salir mal, fracasar.

halfpenny

not to have two halfpennies to rub together GB *fam,* no tener ni cinco, estar sin blanca.

halfway

to meet somebody halfway, llegar a un acuerdo mutuo.

hammer

to go at it hammer and tongs *fam,* luchar a brazo partido.

hand

by one's own fair hand, con sus propias manos.

to bite the hand that feeds one, volverse en contra de su bienhechor.

to force somebody's hand, apretarle las tuercas a alguien, presionar a alguien.

to get out of hand, descontrolarse, desmadrarse.

to get the upper hand, llevar ventaja, llevar la delantera.

to hand it to somebody *fam:* *I have to hand it to him, he's a great cook,* hay que reconocer que es un gran cocinero.

to have a free hand to do something, tener carta blanca para hacer algo.

to have one's hands full *fam,* estar muy ocupado.

to have somebody eating out of one's hand, tener a alguien en el bolsillo.

to have the upper hand, llevar ventaja.

to keep one's hand in, no perder la práctica.

to lend (somebody) a hand, echar una mano (a alguien).

to play into somebody's hands, hacerle el juego a alguien.

to show one's hand, poner las cartas sobre la mesa.

to sit on one's hands, cruzarse de brazos, estar mano sobre mano.

to throw in one's hand, tirar la toalla.

to turn one's hand to something, dedicarse a algo: *he can turn his hand to any kind of work,* puede dedicarse a cualquier tipo de trabajo.

to wait on somebody hand and foot, tratar a alguien a cuerpo de rey.

to wash one's hands, lavarse las manos, desentenderse.

handle

to fly off the handle *fam,* salirse uno de sus casillas, perder los estribos.

hang

to get the hang of something *fam,* cogerle el tranquillo a algo.

harness

to die in harness, morir con las botas puestas, morir al pie del cañón.

to get back in harness *fam,* volver al tajo.

to work in harness with, colaborar con.

haste

marry in haste, repent at leisure, antes que te cases, mira lo que haces.

more haste, less speed, vísteme despacio que tengo prisa.

hat

I'll eat my hat if ... *fam,* que me ahorquen/maten si...

to be old hat *fam,* no ser ninguna novedad, no ser nada nuevo.

to keep something under one's hat *fam,* guardar un secreto.

to knock something into a cocked hat *fam,* darle (cien) mil vueltas a algo.

to take one's hat off to somebody, quitarse el sombrero ante alguien, descubrirse ante alguien.

to talk through one's hat *fam,* decir tonterías, hablar sin ton ni son.

hatchet

to bury the hatchet, enterrar el hacha de guerra, hacer las paces.

hatter

as mad as a hatter *fam,* más loco que una cabra, loco de remate.

have

to have had it.

1 estar en las últimas, estar hecho polvo: *this radio's had it, I'll have to get a new one,* esta radio está en las últimas, tendré que comprar una nueva.

2 cargárselas: *your dad's seen you, you've had it now!,* te ha visto tu padre, ¡ahora sí que te las vas a cargar!

3 estar acabado: *if this scandal gets out he's had it as an MP,* si la gente se entera de este escándalo, se han acabado sus días de diputado.

to have it in for somebody *fam,* tenerla tomada con alguien, tenerle tirria a alguien.

hay

make hay while the sun shines *fam,* la ocasión la pintan calva.
to hit the hay *fam,* irse al catre, irse al sobre.

head

to bang one's head against a brick wall, darse con la cabeza contra la pared, darse de cabezadas contra la pared.
to be head over heels in love with somebody, estar locamente enamorado de alguien.
to be off one's head *fam,* estar mal de la cabeza, estar chiflado.
to be out of one's head *fam.*
1 estar mal de la cabeza, estar loco.
2 estar trompa, estar como una cuba.
3 estar flipado, estar colocado.
to be soft in the head *fam,* estar mal de la cabeza.
to bite somebody's head off *fam,* echarle una bronca/un rapapolvo a alguien.
to do something standing on one's head *fam,* hacer algo con los ojos cerrados/vendados.
to have a thick head *fam,* tener la cabeza embotada.
to have an old head on young shoulders, ser uno maduro para su edad.
to have one's head screwed on *fam,* tener la cabeza en su sitio, tener la cabeza bien puesta.
to hold one's head high, llevar la cabeza bien alta.
to keep a level head, no perder la cabeza.
to keep one's head, no perder la cabeza, mantener la calma.
to keep one's head above water, mantenerse a flote.
to knock something on the head *fam,* echar algo por tierra, dar al traste con algo.
to laugh one's head off *fam,* partirse/troncharse/desternillarse de risa.
to lose one's head, perder la cabeza, perder la calma.
to put one's head into the lion's mouth, meterse en la boca del lobo.
to scratch one's head, devanarse los sesos.
to stand head and shoulders above somebody, estar muy por encima de alguien, darle cien (mil) vueltas a alguien.
to turn somebody's head, afectar mucho a alguien: *success has turned his head,* el éxito se le ha subido a la cabeza.
two heads are better than one, cuatro ojos ven más que dos.

health

to be bouncing with health, rebosar de salud, estar rebosante de salud.

heart

after my own heart, de los/las que me gustan: *he's a man after my own heart,* es un hombre de los que me gustan.

cross my heart (and hope to die), te lo juro.

(somebody's) **heart sank**, se le cayó el alma a los pies.

(somebody's) **heart wasn't in it**, lo hacía a desgana.

to be young at heart, ser joven de espíritu.

to break somebody's heart, partirle el corazón a alguien.

to cry one's heart out *fam,* llorar a lágrima viva, deshacerse en lágrimas.

to eat one's heart out, consumirse.

to find it in one's heart to do something, tener el valor de hacer algo, ser capaz de hacer algo.

to have one's heart in one's mouth *fam,* tener el corazón en un puño, estar con el alma en un hilo.

to have one's heart in the right place *fam,* ser buena persona, ser buena gente.

to lose heart, descorazonarse, desanimarse.

to lose one's heart (to somebody), enamorarse (de alguien).

to pour one's heart out to somebody, desahogarse con alguien.

to set one's heart on something, querer algo más que nada, querer algo a toda costa.

to steal somebody's heart, robarle el corazón a alguien.

to take something to heart, tomarse algo muy a pecho.

to wear one's heart on one's sleeve *fam,* ir con el corazón en la mano.

heartstrings

to tug at somebody's heartstrings, tocarle la fibra sensible a alguien.

heat

to turn on the heat *fam,* aumentar la presión.

heaven

to be in seventh heaven, estar en el séptimo cielo, estar en la gloria.

to move heaven and earth, remover cielo y tierra.

to stink to high heaven *fam,* apestar, oler a mil demonios.

heel

to be hard/hot on somebody's heels, pisarle los talones a alguien.

to bring somebody to heel, meter a alguien en cintura/en vereda.

to cool/kick one's heels, estar de plantón.

to dig one's heels in *fam,* mantenerse uno en sus trece.

to drag one's heels *fam,* dar largas al asunto.

to take to one's heels, salir pitando.

under the heel of somebody, bajo el control férreo de alguien.

hell
there will be hell to pay *fam,* se va a armar la gorda/la de Dios es Cristo.
to give somebody hell *fam,* hacérselas pasar moradas a alguien.

helm
to be at the helm, estar al timón.

hide
to save one's hide *fam,* salvar el pellejo.
to see neither hide nor hair of somebody *fam,* no verle el pelo a alguien.
to tan somebody's hide *fam,* zurrarle la badana a alguien, darle una paliza a alguien.

high jump
to be for the high jump GB *fam: he's for the high jump,* le va a caer una buena, se las va a cargar.

hill
to be as old as the hills, ser más viejo que Matusalén.
to be over the hill *fam,* empezar a ser viejo.

hilt
(up) to the hilt, al máximo, totalmente: *he's up to the hilt in debts,* está endeudado hasta el cuello.

hit
to score a direct hit, dar en el blanco.
to score a hit with somebody, caerle simpático a alguien, caerle muy bien a alguien.

hog
to go the whole hog *fam,* liarse la manta a la cabeza.

hold
to hold one's own, defenderse: *he can hold his own in Spanish,* se defiende en español.

hole
to dig oneself into a hole *fam,* meterse en un apuro.
to pick holes in something, encontrar defectos en algo.

home
to feel at home, estar a gusto, sentirse como en casa.
to make oneself at home, ponerse cómodo.

hook

by hook or by crook *fam,* por las buenas o por las malas.

to get somebody off the hook *fam,* sacar a alguien de un embolado/de un apuro.

to sling one's hook GB *arg,* largarse, abrirse.

hoop

to put somebody through the hoops, hacérselas pasar canutas a alguien, poner a prueba a alguien.

hoot

not to give a hoot/two hoots *fam*: *I don't give a hoot/two hoots,* me importa un pito/un pepino/un comino/un bledo.

hop

to be on the hop GB *fam,* estar muy atareado.

to catch somebody on the hop GB *fam,* coger desprevenido a alguien.

horn

to be on the horns of a dilemma, estar entre la espada y la pared.

hornet

to stir up a hornet's nest, alborotar el avispero.

horse

hold your horses! *fam,* ¡para el carro!

to be as strong as a horse, ser fuerte como un toro/un roble.

to eat like a horse, comer como una lima, tener buen saque.

to flog a dead horse *fam,* perder el tiempo, machacar en hierro frío.

to get on one's high horse, darse ínfulas, tener muchos humos.

to get something straight from the horse's mouth *fam,* saber algo de buena tinta.

wild horses wouldn't ..., por nada en el mundo...: *wild horses wouldn't make me go back to him,* no volvería con él por nada en el mundo.

hour

at the eleventh hour, en el último momento.

house

as safe as houses, completamente seguro.

to bring the house down *fam,* ser todo un éxito *(una obra, una actuación).*

to eat somebody out of house and home *fam,* vaciarle la despensa a alguien.

to get on with somebody like a house on fire *fam,* llevarse a las mil maravillas con alguien.

to keep open house, tener las puertas abiertas a todo el mundo.

household

to be a household name, ser archiconocido, ser muy popular.

huddle

to go into a huddle, hacer grupo aparte (para hablar en privado).

hug

to hug oneself, congratularse, sentirse satisfecho.

hum

to hum and haw, vacilar.

humour

to be out of humour, estar de mal humor.

hump

to be over the hump, haber pasado lo peor.
to have the hump GB *fam,* estar de mal humor.

ice

to break the ice, romper el hielo.
to cut no ice (with somebody), dejar frío (a alguien), no convencer (a alguien).
to keep/put something on ice, aparcar algo *(un proyecto, una sugerencia).*
to skate/tread on thin ice, pisar un terreno resbaladizo, estar en la cuerda floja.

icing

the icing on the cake, la guinda: *the company car is just the icing on the cake of a job with a really good salary,* el coche de la empresa no es más que la guinda de un empleo con un sueldo muy bueno.

ignorance

ignorance is bliss, ojos que no ven, corazón que no siente.

image

to be the spitting image of somebody, ser el vivo retrato de alguien, ser la viva imagen de alguien.

in

to be (well) in with somebody *fam,* llevarse muy bien con alguien.
to be in for something: *she's in for a surprise,* le espera una sorpresa; *we're in for some rain,* vamos a tener lluvia; *you're in for it!,* ¡la que te espera!; *are you in for this game?,* ¿vas a jugar?
to be in on something *fam.*
1 estar enterado de algo, estar al tanto de algo.
2 tomar parte en algo.

inch

every inch of, todo, cada rincón, cada centímetro: *we searched every inch of the house,* registramos cada rincón de la casa.

give *(somebody)* **an inch and they'll take a mile**, le das la mano y te coge el brazo.

inch by inch, poco a poco.

not to budge an inch, no ceder ni un ápice.

within an inch of something, a dos dedos de algo: *she came within an inch of death,* estuvo a dos dedos de la muerte.

infancy

to be in its infancy, estar en mantillas.

innings

to have had a good innings GB *fam,* haber disfrutado de una vida próspera.

inside

to know something inside out *fam,* conocer algo al dedillo/de cabo a rabo.

insult

to add insult to injury, para colmo de males, por si fuera poco.

iron

to have many irons in the fire, tener muchas cosas entre manos.

to pump iron *fam,* hacer pesas.

to strike while the iron's hot, actuar de inmediato.

issue

at issue: *his ability is not at issue,* su capacidad no está en tela de juicio, nadie cuestiona su capacidad; *our children's future is at issue here,* estamos hablando del futuro de nuestros hijos.

to make an issue (out) of something, darle demasiada importancia a algo, insistir demasiado sobre algo.

to take issue with somebody, estar en desacuerdo con alguien, discrepar con alguien.

Jack

before you can say Jack Robinson ESP GB *fam,* en un periquete, en un santiamén.

I'm all right Jack! GB *fam,* ¡ahí me las den todas!

Jack of all trades, master of none, quien mucho abarca poco aprieta.

jackpot

to hit the jackpot, tocarle a alguien la lotería.

jazz
and all that jazz *fam,* y demás, y toda la pesca, y todo el rollo.
don't give me that jazz! *fam,* ¡no me vengas con cuentos!

job
jobs for the boys, amiguismo, enchufes.
to give something up as a bad job, dejar algo por imposible.
to lie down on the job, no esforzarse, dormirse en las pajas.
to make the best of a bad job: *we had to make the best of a bad job,* tuvimos que apañárnoslas como pudimos.

joke
it's no joke, no es ninguna broma, no es nada fácil: *it's no joke having to bring up three kids on your own,* criar a tres niños sola no es ninguna broma/no es nada fácil.
to be beyond a joke, pasar de castaño oscuro.

judgement
against one's better judgement, a pesar de sus reservas.

jugular
to go for the jugular *fam,* saltarle a alguien a la yugular, tirar a matar.

juice
to let somebody stew in their own juice *fam,* dejar sufrir a alguien.

jump
to keep one jump ahead of somebody, llevarle la delantera a alguien.

ken
to be beyond somebody's ken, ser incomprensible para alguien.

kettle
that's a different kettle of fish, eso es harina de otro costal.

kid
to treat somebody with kid gloves, tratar a alguien con guantes de seda.

kill
to be in at the kill, estar presente en el momento de la verdad.
to move in for the kill, entrar a matar.

killing
to make a killing, ganar una fortuna, hacer el negocio del siglo.

kingdom

in the kingdom of the blind the one-eyed man is king, en el reino de los ciegos el tuerto es rey.

kitchen

to take everything but the kitchen sink *fam,* ir con la casa a cuestas.

kite

go fly a kite! US *fam,* ¡vete por ahí!, ¡vete a la porra!
to be as high as a kite *fam.*
1 estar totalmente colocado *(drogado, borracho).*
2 estar pletórico *(contento).*

kitten

to have kittens GB *fam: I nearly had kittens!,* ¡por poco me da un ataque!

knee

to bring somebody to their knees, humillar a alguien.

knicker

to get one's knickers in a twist GB *fam,* ponerse nervioso.

knife

to get one's knife into somebody *fam,* ensañarse con alguien.
to go under the knife, someterse a cirugía.
to twist the knife in the wound, hurgar en la herida.

knife-edge

to be balanced on a knife-edge, pender de un hilo.

knot

get knotted! GB *fam,* ¡vete a la porra!, ¡fastídiate!
to get tied up in knots, tie oneself up in knots, liarse, embrollarse, hacerse un lío.
to tie the knot, casarse.

know

to be in the know, estar enterado.
to know better, tener más juicio: *he should have known better than to ...,* no debería haber sido tan tonto como para...
to know something backwards, saberse algo al dedillo.
you never know, nunca se sabe.

knuckle

to be near the knuckle GB *fam,* rayar en la indecencia.

lamb
to be as meek as a lamb, ser un corderito.

land
the land of milk and honey, el paraíso terrenal.
to be in the land of the living, estar entre los vivos.
to see how the land lies, tantear el terreno.

lane
to live in the fast lane *fam,* vivir a tope.

lap
it's in the lap of the gods, que sea lo que Dios quiera, está en manos de Dios.
to live in the lap of luxury *fam,* vivir como un pachá, nadar en la abundancia.

lark
to be as happy as a lark, estar como unas pascuas.

late
better late than never, más vale tarde que nunca.

lather
to work oneself into a lather *fam,* ponerse histérico.

laugh
he who laughs last laughs longest, quien ríe el último ríe mejor.
to have the last laugh, reír el último.

laurel
to look to one's laurels, no dormirse en los laureles.
to rest on one's laurels, dormirse en los laureles.

law
laws are made to be broken, hecha la ley, hecha la trampa.
the law of the jungle, la ley del más fuerte.
to be a law unto oneself, saltarse todas las normas.
to take the law into one's own hands, tomarse uno la justicia por su mano.

lay
to be laid low, estar enfermo.
to lay it on, lay it on a bit thick *fam.*
1 cargar la mano, cargar las tintas.
2 hacer la pelota, dar coba.

lead
to swing the lead *fam,* hacerse el enfermo (para no trabajar).

leaf

to shake like a leaf, temblar como una hoja.

to take a leaf out of somebody's book, seguir el ejemplo de alguien.

to turn over a new leaf, hacer borrón y cuenta nueva, pasar página.

league

to be in league with somebody, estar conchabado con alguien.

to be out of one's league, no dar la talla.

leap

a leap in the dark, un salto en el vacío.

by leaps and bounds, a pasos agigantados.

lease

to give somebody a new lease on life, hacer revivir a alguien.

leave

to leave somebody high and dry, dejar a alguien en la estacada.

to leave somebody to sink or swim, abandonar a alguien a su suerte.

to take leave of one's senses, perder la razón.

leech

to cling to somebody like a leech, pegarse a alguien como una lapa.

leg

not to have a leg to stand on *fam,* no tener en qué basarse.

shake a leg! *fam,* ¡espabila!, ¡muévete!

show a leg! *fam,* ¡a levantarse!, ¡arriba!

to be on one's last legs *fam,* estar en las últimas.

to leg it *fam.*

1 poner pies en polvorosa.

2 ir a pata.

to pull somebody's leg *fam,* tomarle el pelo a alguien.

to talk the hind legs off a donkey *fam,* hablar por los codos.

length

to go to any lengths/great lengths to do something, hacer lo imposible para hacer algo.

letter

to the letter, al pie de la letra.

level

on the level *fam,* de fiar, honrado.

lick

to give something a lick and a promise *fam,* limpiar algo muy por encima.

lid

put the lid on it! *fam,* ¡cierra el pico!, ¡cállate la boca!
to blow/lift/take the lid off something, desvelar algo.
to flip one's lid *fam.*
1 perder la chaveta.
2 perder los estribos, sulfurarse.
to put the (tin) lid on something GB *fam,* dar al traste con algo.
to take the lid off something, destapar algo.

lie

the lie of the land, el estado de las cosas.
to lie low, estar escondido, ocultarse.

life

not on your life! *fam,* ¡ni hablar!, ¡ni loco!
to be larger than life, salirse de lo normal: *all the characters in her stories are larger than life,* todos los personajes de sus cuentos se salen de lo normal.
to be the life and soul of the party, ser el alma de la fiesta.
to breathe new life into something, infundir nueva vida a algo.
to live the life of Riley *fam,* pegarse la gran vida.
to take one's life in one's hands *fam,* jugarse la vida.

light

to bring something to light, sacar algo a la luz.
to cast/shed/throw light on something, arrojar luz sobre algo.
to come to light, salir a luz.
to give something the green light, dar luz verde a algo.
to go out like a light *fam,* caer redondo.
to make light of something, quitarle importancia a algo.
to see ... in a new light, ver... con otros ojos.
to see the light at the end of the tunnel, ver la luz al final del túnel.
to show somebody in a bad light, hacer quedar mal a alguien, dar una mala imagen de alguien.

limb

to be (left) out on a limb, quedar aislado.
to go out on a limb, aventurarse.
to tear somebody limb from limb, despedazar a alguien.

limbo

to be in limbo, no saber a qué atenerse.

limelight
to be in the limelight, estar en el candelero.

limit
to be off limits US, estar en zona prohibida.

line
all along the line, desde el principio.
to be on the right lines, ir por buen camino.
to be out of line with something, no coincidir con algo.
to bring somebody into line *fam,* llamar a alguien al orden.
to draw the line at something, decir basta a algo, no dejar pasar algo.
to fall into line with something, acatar algo.
to know where to draw the line, saber cuándo decir basta.
to lay something on the line.
1 dejar algo bien claro.
2 jugarse algo, arriesgar algo: *she laid her life on the line for her children,* se jugó la vida por sus hijos.
to read between the lines, leer entre líneas.
to step out of line, saltarse las reglas.
to take a tough line with somebody, tener mano dura con alguien.
to take the line of least resistance, seguir el camino más fácil.
to toe the line, acatar las normas.

linen
to wash one's dirty linen in public, sacar a relucir los trapos sucios.

lion
the lion's share, la parte del león.

lip
button your lip! *fam,* ¡punto en boca!
my lips are sealed, soy una tumba.
to be on everybody's lips, estar en boca de todos, ser la comidilla de todos.
to bite one's lip, morderse la lengua.
to keep a stiff upper lip, mantener el tipo, guardar la compostura.

live
to live and learn, vivir para ver.
to live and let live, vivir y dejar vivir.
to live it up *fam,* pasárselo bomba.

load
to lighten somebody's load, hacerle la vida más fácil a alguien.

to take a load off somebody's mind, quitarle un peso de encima a alguien.

log
to sleep like a log *fam,* dormir como un tronco, dormir como un lirón.

loin
to gird (up) one's loins, prepararse para la lucha.

long
the long and the short of it is ..., en resumidas cuentas...

look
look before you leap, mira bien lo que haces, piénsatelo dos veces antes de hacer algo.
look who's talking, mira quién habla, mira quién fue a hablar.
not to be much to look at *fam,* no ser demasiado guapo, no ser ninguna belleza.

loop
to loop the loop, rizar el rizo.

loose
to be on the loose, andar suelto.

lord
to live like a lord, vivir a cuerpo de rey.
to lord it over somebody *fam,* comportarse como si uno fuera dueño y señor de alguien.

loss
to be a dead loss *fam,* ser un desastre.
to be at a loss as to what to do, no saber qué hacer.
to be at a loss for words, no saber qué decir.

lot
to throw in one's lot with somebody, compartir la suerte con alguien.

love
for the love of it, por amor al arte.
not for love or money, por nada del mundo.

luck
as luck would have it, por suerte.
it's the luck of the draw, toca a quien toca, es cuestión de suerte.
talk about luck!, ¡vaya suerte!
to push one's luck, desafiar a la suerte.

lull

the lull before the storm, la calma que precede a la tempestad.

lump

to feel a lump in one's throat, hacérsele a alguien un nudo en la garganta.

lunch

to be out to lunch *fam.*
1 estar como una chota.
2 estar en Babia.

lurch

to leave somebody in the lurch *fam,* dejar a alguien en la estacada.

make

it's make or break time, es la hora de la verdad.
to be on the make *fam.*
1 intentar sacar tajada.
2 barrer para dentro, barrer para casa.
3 estar de ligue, ir a la caza.
to have it made *fam,* tener el éxito asegurado.
to make good, triunfar.
to make it *fam,* tener éxito, llegar a la cima.
to make like, hacer como si, fingir: *make like you haven't seen him,* haz como si no lo hubieras visto.
to make or break somebody/something, significar la consagración o la ruina de alguien/algo.

making

to be the making of somebody, ser la consagración de alguien.

man

as one man, como un solo hombre, todos a la vez.
every man for himself, sálvese quien pueda.
one man's meat is another man's poison, sobre gustos no hay nada escrito.
to a man, todos sin excepción.
to be one's own man, ir por libre.
to sort out/separate the men from the boys, separar a los que valen de los que no valen.
you can't keep a good man down, los buenos siempre salen adelante.
you know a man by the company he keeps, dime con quién andas y te diré quién eres.

manner

as if to the manner born, como si lo hubiera hecho toda la vida.

map
to put something/somebody on the map, dar a conocer algo/a alguien.

marble
to lose one's marbles *fam,* perder la chaveta.

march
to steal a march on somebody, ganarle por la mano a alguien, adelantarse a alguien.

March
as mad as a March hare, (loco) como una cabra.

mark
to be quick off the mark, ser muy rápido.
to be slow off the mark, ser un poco lento de reflejos.
to be up to the mark, estar a la altura, dar la talla.
to be wide of the mark, no dar en el blanco, no acertar.
to hit the mark, dar en el blanco, acertar.
to make one's mark on something, dejar uno su huella/impronta en algo.
to overstep the mark, overshoot the mark, pasarse de la raya.

marrow
to the marrow, hasta la médula.

master
to meet one's master, ser vencido.

match
to meet one's match, encontrar la horma de su zapato.

meal
to make a meal of something *fam,* recrearse con algo.

measure
beyond measure, inmensamente: *rich beyond measure,* inmensamente rico.
for good measure, por si acaso: *take another one for good measure,* coge otro por si acaso/para que no te quedes corto.
to have the measure of somebody, tener calado a alguien.

meat
to be meat and drink to somebody, ser lo que más le gusta a alguien, ser la pasión de alguien.

melting pot
to be in the melting pot, estar por decidir, estar sobre el tapete.

memory
to have a memory like a sieve, tener muy mala memoria.

mend
to be on the mend *fam,* ir mejorando, ir recuperándose *(un enfermo)*.

mercy
let's be thankful for small mercies, demos gracias de que no haya sido peor.

message
to get the message *fam,* captarlo, cogerlo.

method
there's method in his/her madness *fam,* no está tan loco/loca como parece.

mettle
to be on one's mettle, tener que hacerlo lo mejor posible, tener que dar lo mejor de sí.
to put somebody on his/her mettle, poner a prueba el valor de alguien.

midnight
to burn the midnight oil *fam,* quemarse las cejas.

mile
to run a mile (from something/somebody), salir corriendo (para evitar algo/a alguien).
to see something a mile off, ver algo a la legua.
to stick out a mile *fam,* verse/notarse a la legua, saltar a la vista.

milk
it's no use crying over spilt milk, a lo hecho, pecho.

mill
to go through the mill, pasarlas moradas, sudar la gota gorda.
to put somebody through the mill, hacérselas pasar moradas a alguien, hacerle sudar la gota gorda a alguien.

million
to be one in a million *fam,* ser una auténtica joya, ser único.
to feel like a million dollars, sentirse a las mil maravillas.
to look like a million dollars, estar despampanante.

millstone
to be a millstone round somebody's neck, ser una cruz/una carga para alguien.

mincemeat

to make mincemeat of somebody *fam,* hacer picadillo a alguien.

mind

to be in two minds about something, estar indeciso respecto a algo.

to be of one mind, of the same mind, opinar lo mismo, ser de la misma opinión.

to be out of one's mind, haber perdido el juicio.

to blow somebody's mind *fam,* hacer alucinar a alguien.

to cross one's mind, ocurrírsele a uno: *it has crossed my mind that ...,* se me ha ocurrido que...

to have a good mind to do something, estar por hacer algo, estar casi decidido a hacer algo.

miss

a miss is as good as a mile, tanto da librarse por poco o por mucho, lo importante es librarse.

to give something a miss *fam,* pasar de hacer algo: *I think I'll give the pub a miss tonight,* creo que voy a pasar de ir al pub esta noche.

to have a near miss, escapar/salvarse por los pelos.

money

for my money ... *fam,* en mi opinión..., para mí...: *for my money, this is the best car there is,* en mi opinión, este es el mejor coche que hay.

it's money for jam, money for old rope GB *fam,* es dinero regalado.

money is the root of all evil, el dinero es el origen de todos los males.

money makes the world go round, el dinero mueve el mundo.

money talks *fam,* poderoso caballero es don Dinero.

that's money down the drain *fam,* eso es tirar el dinero.

to be in the money, estar forrado.

to be made of money *fam,* estar forrado.

to have money to burn *fam,* tener dinero de sobra.

to put one's money where one's mouth is *fam,* predicar con el ejemplo.

monkey

not to give a monkey's GB *fam*: *I don't give a monkey's,* me importa un rábano/un pepino/un pito/un bledo.

to make a monkey (out) of somebody *fam,* poner a alguien en ridículo.

month

in a month of Sundays *fam,* en mucho tiempo: *she hasn't been out in a month of Sundays,* no ha salido de casa en mucho tiempo, hace mucho que no sale de casa.

moon

once in a blue moon *fam,* de Pascuas a Ramos.
to ask for the moon *fam,* pedir la luna, pedir peras al olmo.
to be over the moon *fam,* estar en el séptimo cielo, no caber en sí.
to promise the moon, prometer el oro y el moro.

more

the more, the merrier, cuantos más mejor.

motion

to go through the motions (of doing something) *fam,* (hacer algo para) cubrir el expediente.

mould

to be cast in the same mould, ser cortado por el mismo patrón.
to break the mould, romper moldes.

mountain

to make a mountain out of a molehill, hacer una montaña de un grano de arena.

mouth

not to open one's mouth, no abrir la boca, no decir ni pío, no decir esta boca es mía.
to be all mouth *fam,* ser un fantasma.
to be down in the mouth, estar deprimido, estar bajo de moral.
to foam at the mouth, echar rayos, estar furioso.
to have a big mouth *fam,* ser un bocazas.
to make somebody's mouth water: *it made my mouth water,* se me hizo la boca agua.
to shoot one's mouth off *fam,* irse de la lengua, hablar más de la cuenta.

move

to be on the move.
1 estar viajando: *she's always on the move, off to somewhere or other,* siempre está de acá para allá, siempre está viajando a algún sitio u otro.
2 estar atareado, estar siempre ocupado, no parar: *he's always on the move, he never stops,* siempre está muy ocupado, no para ni un momento.
to get a move on *fam,* darse prisa, moverse: *get a move on!,* ¡date prisa!, ¡muévete!
to make the first move, dar el primer paso.

muck

to be as common as muck *fam,* ser más basto que el papel de lija.

to make a muck of something GB *fam*.
1 cargarse algo.
2 meter la pata en algo.

mud
here's mud in your eye! *fam,* ¡salud! *(al brindar).*
to sling/throw mud at somebody, vilipendiar a alguien.

mug
to be a mug's game GB *fam,* ser cosa de tontos.

mule
as stubborn as a mule, terco como una mula, más terco que una mula.

mum
mum's the word! GB *fam,* ¡chitón!
to keep mum *fam,* no decir ni pío, guardar silencio.

murder
to get away with murder *fam,* hacer lo que a uno le da la gana.
to scream blue murder *fam,* poner el grito en el cielo.

music
to be music to somebody's ears, sonarle a alguien a música celestial.
to face the music *fam,* dar la cara, apechugar con las consecuencias.

mustard
to be as keen as mustard GB *fam,* ser muy entusiasta.
to cut the mustard US *fam,* ser muy entusiasta.

mutton
mutton dressed up as lamb GB, mujer madura vestida de jovencita.

nail
to be as hard as nails, ser más duro que una piedra, ser duro de corazón.
to hit the nail on the head, dar en el clavo.
to pay on the nail *fam,* pagar a tocateja, pagar en el acto.

name
to call somebody names, poner verde a alguien, insultar a alguien.
to drag somebody's name through the mire, manchar la reputación de alguien.

nature
second nature: *it'll soon become second nature to you,* pronto te saldrá de forma natural, pronto lo harás sin pensar.

necessity
necessity is the mother of invention, la necesidad aviva el ingenio.

neck
in this neck of the woods *fam,* por estos pagos, por estos parajes.
to be neck and neck, ir parejos.
to be up to one's neck (in something) *fam,* estar hasta arriba (de algo).
to break one's neck *fam,* deslomarse, dejarse la piel.
to break somebody's neck *fam,* romperle la crisma a alguien.
to breathe down somebody's neck *fam,* estarle siempre encima a alguien, no dejar a alguien a sol ni a sombra.
to get it in the neck *fam,* cargárselas, llevarse una buena.
to risk one's neck *fam,* jugarse el tipo, jugarse el pellejo.
to save one's neck *fam,* salvar el pellejo.
to stick one's neck out *fam,* jugársela.

needle
it's like looking for a needle in a haystack, es como buscar una aguja en un pajar.
to be as sharp as a needle *fam,* ser un lince, ser más listo que el hambre.
to get the needle GB *fam,* picarse.

neither
to be neither here nor there, no venir al caso.

nest
to feather one's own nest, barrer para casa, barrer hacia adentro.
to foul one's own nest, tirar piedras contra su propio tejado.

nettle
to grasp the nettle, coger el toro por los cuernos.

news
bad news travels fast, las malas noticias corren deprisa.
no news is good news, la falta de noticias es una buena señal.

nick
in the nick of time, en el momento crítico, justo a tiempo.

night
to make a night of it *fam,* salir de juerga hasta tarde.

nine
to be dressed up to the nines *fam,* ir de tiros largos, ir de punta en blanco.

ninepins
to go down like ninepins *fam,* caer como moscas.

nineteen
to talk nineteen to the dozen *fam,* hablar por los codos.

nod
a nod's as good as a wink (to a blind horse) *fam,* a buen entendedor, pocas palabras bastan.

nose
it's as plain as the nose on your face, está más claro que el agua.
just follow your nose.
1 sigue todo recto.
2 déjate guiar por el instinto.
to cut off one's nose to spite one's face, tirar piedras contra su propio tejado.
to get up somebody's nose GB *fam,* sacar de quicio a alguien.
to have a nose for something, tener olfato para algo.
to keep one's nose clean *fam,* no meterse en líos.
to keep one's nose to the grindstone, trabajar duro.
to look down one's nose at somebody *fam,* mirar a alguien por encima del hombro.
to pay through the nose *fam,* pagar un dineral.
to poke/stick one's nose into something *fam,* meter las narices en algo.
to put somebody's nose out of joint *fam,* contrariar a alguien, molestar a alguien.
to turn one's nose up at something *fam,* hacerle ascos a algo.
under somebody's very nose, right under somebody's nose *fam,* ante las propias narices de alguien.

note
to compare notes *fam,* cambiar impresiones.
to strike a discordant note, dar la nota discordante.

nothing
there's nothing to it, es facilísimo, está chupado.

number
to have somebody's number *fam,* tener calado a alguien.
to look after number one *fam,* ir uno a la suya.

nut
to be a tough nut to crack *fam,* ser un hueso duro de roer.
to be off one's nut *fam,* estar chalado.
to do one's nut GB *fam,* ponerse hecho una furia.

nutshell
in a nutshell, en pocas palabras.

oar
to stick one's oar in *fam,* entrometerse, meter las narices.

oat
to be off one's oats *fam,* no tener ganas de comer, estar desganado.
to get one's oats *arg,* echarse polvos.

occasion
to rise to the occasion, ponerse a la altura de las circunstancias, dar la talla.

odd
the odds are stacked against them, las circunstancias les son desfavorables, lo tienen todo en contra.

odds
to pay over the odds GB, pagar más de la cuenta.

oil
to be no oil painting *fam,* no ser ninguna belleza.
to pour oil on troubled waters, templar los ánimos.
to strike oil *fam,* hacer fortuna.

onion
to know one's onions GB *fam,* ser un experto en la materia.

order
to get one's marching orders *fam,* ser despedido: *he got his marching orders for stealing,* lo pusieron de patitas en la calle por robar.

overboard
to go overboard *fam,* pasarse.
to go overboard for/about somebody *fam,* perder la chaveta por alguien, chalarse por alguien.

own
to come into one's own, demostrar lo que se vale.
to get one's own back *fam,* vengarse, tomarse la revancha.

ox
as strong as an ox, fuerte como un toro, fuerte como un roble.

P
to mind one's p's and q's *fam,* ir con cuidado, no excederse.

pace
to put somebody through their paces, poner a alguien a prueba.

packet
to cost a packet GB *fam,* costar un ojo de la cara, costar un riñón, costar una fortuna.

paid
to put paid to something GB, poner fin a algo, echar por tierra algo.

pain
to be a pain in the neck *fam,* ser un pesado, ser un pelmazo.

pale
to be beyond the pale, ser inaceptable, ser intolerable.

palm
to grease somebody's palm *fam,* untarle la mano a alguien, untar a alguien.
to have somebody in the palm of one's hand, tener a alguien en el bote, en el bolsillo.

pancake
as flat as a pancake, liso como la palma de la mano.

panic
to be panic stations *fam,* reinar el pánico.

paper
not to be worth the paper it's written on, ser papel mojado.
to give somebody their walking papers US, poner a alguien de patitas en la calle, despedir a alguien.

par
to be par for the course, ser lo normal.

parrot
to be as sick as a parrot, quedarse con un palmo de narices, llevarse un chasco.

part
to be a part of the furniture, formar parte del decorado.
to be part and parcel of something, formar parte de algo.

past
to be past it *fam,* estar para el arrastre.

pasture
to move on to pastures new, buscar nuevos horizontes.

patch

not to be a patch on somebody/something GB *fam,* no tener ni punto de comparación con alguien/algo.

to go through a bad patch, atravesar una mala racha.

patience

to have the patience of a saint, tener más paciencia que un santo.

pea

it's as easy as shelling peas, es coser y cantar, es pan comido.

to be as like as two peas in a pod *fam,* parecerse como dos gotas de agua.

pedestal

to put somebody on a pedestal, poner a alguien en un pedestal.

peg

to be a square peg in a round hole *fam,* estar como gallina en corral ajeno, no encajar.

to take somebody down a peg or two *fam,* bajarle los humos a alguien.

pelt

at full pelt, a toda velocidad, a toda pastilla.

penny

a penny for your thoughts, ¿en qué estás pensando?

in for a penny, in for a pound, de perdidos, al río.

not to have a penny to one's name, estar sin un duro, no tener uno donde caerse muerto.

the penny dropped GB *fam,* caí/cayó *etc* en la cuenta.

to be two a penny, be ten a penny *fam,* haber a montones.

to spend a penny GB, cambiarle el agua a las aceitunas/al canario, ir al servicio.

to turn up like a bad penny GB *fam,* aparecer en todas partes, estar hasta en la sopa.

picnic

to be no picnic *fam,* no ser nada fácil.

pie

pie in the sky *fam,* pura fantasía, castillos en el aire.

to be easy as pie *fam,* ser pan comido, estar tirado, estar chupado.

to eat humble pie, morder el polvo.

piece

to be a piece of cake *fam,* ser pan comido, estar tirado, estar chupado.

to give somebody a piece of one's mind *fam,* decirle cuatro verdades a alguien, cantarle las cuarenta a alguien.

to go to pieces *fam.*
1 perder el control *(por nervios)*.
2 quedar deshecho, venirse abajo *(por tristeza)*.
to pick up the pieces: *after the divorce she managed to pick up the pieces and start afresh,* después del divorcio consiguió rehacer su vida y empezar de nuevo.
to pull to pieces, destrozar, despedazar, criticar duramente.

pig
pigs might fly, cuando las ranas críen pelo.
to buy a pig in a poke *fam,* comprar algo a ciegas.
to make a pig of oneself *fam,* darse un atracón, ponerse morado.
to make a pig's ear of something GB *fam,* hacer algo fatal.
to sell somebody a pig in a poke *fam,* darle gato por liebre a alguien.

pigeon
it's my/your/his/her *etc* **pigeon** GB *fam,* es asunto mío/tuyo/suyo *etc*: *it's not my pigeon, mate!,* ¡no es problema mío, tío!

pill
to sugar the pill, dorar la píldora.

pillar
from pillar to post, de la Ceca a la Meca, de Herodes a Pilatos.

pin
as clean as a new pin, limpio como una patena.
not to care two pins, not to give two pins *fam: I don't care two pins,* me importa un bledo/un pepino/un comino/un pito.
you could have heard a pin drop, se podía oír el vuelo de una mosca.

pinch
at a pinch GB, si no hay más remedio.
to feel the pinch, pasar apuros, pasar estrecheces.
to take something with a pinch of salt, tomarse algo con reservas, no creerse algo a pie(s) juntillas.

pink
to be in the pink.
1 estar en plena forma, rebosar salud.
2 estar feliz de la vida.

pip
to give somebody the pip GB *fam,* sacar de quicio a alguien.

pipe
put that in your pipe and smoke it! *fam,* ¡chúpate ésa!

pipeline
to be in the pipeline, estar en proyecto, estar proyectado.

piss
to take the piss out of somebody/something GB *vulg,* cachondearse de alguien/algo.

pistol
to hold a pistol to somebody's head, poner a alguien entre la espada y la pared.

pitch
to queer somebody's pitch GB *fam,* jorobar a alguien, fastidiar a alguien.

place
to fall/fit/slot into place, encajar, cuadrar.
to go places *fam,* llegar lejos.
to know one's place, saber el lugar que le corresponde a uno.
to put oneself in somebody's place, ponerse en el lugar de alguien.
to put somebody in their place, poner a alguien en su sitio.

plague
to avoid somebody like the plague, huir de alguien como de la peste.

plank
to be as thick as two short planks GB *fam,* ser más bruto que un arado, ser tan corto como las mangas de un chaleco.

plate
to hand something to somebody on a plate *fam,* servirle algo a alguien en bandeja.
to have a lot on one's plate *fam,* tener muchas cosas entre manos.

play
to bring something into play, poner algo en juego.
to give full play to something, dar rienda suelta a algo.
to make a play for something/somebody, intentar conseguir algo, intentar conquistar a alguien.
to play fast and loose with somebody, jugar con alguien.
to play hard to get *fam,* hacerse el interesante.
to play it cool *fam,* hacer como si nada.

pledge
to take the pledge, jurar no probar el alcohol.

plunge
to take the plunge, liarse la manta a la cabeza, jugarse el todo por el todo.

pocket
to be out of pocket *fam,* salir perdiendo: *I'm $50 out of pocket,* salí perdiendo 50 dólares.
to dig deep into one's pockets.
1 contribuir generosamente.
2 rascarse el bolsillo.
to line one's pockets *fam,* forrarse.
to live in each other's pockets *fam,* estar uno encima del otro.

point
not to put too fine a point on it, hablando en plata.
to make a point of doing something, procurar hacer algo, poner empeño en hacer algo.
to reach the point of no return, no poder echarse atrás.

poison
what's your poison? *fam,* ¿qué quieres tomar?

poker
as stiff as a poker, más tieso que un palo.

post
to be as deaf as a post *fam,* estar más sordo que una tapia.
to be pipped at the post GB *fam,* perder por un pelo.
to pip somebody at the post GB *fam,* ganar a alguien en el último momento.

pot
to go to pot *fam,* echarse a perder, irse al traste.

practice
practice makes perfect, la práctica hace al maestro.

praise
to sing the praises of something/somebody, cantar las alabanzas de algo/alguien, poner algo/a alguien por las nubes.

prevention
prevention is better than cure, más vale prevenir que curar.

pride
pride goes before a fall, al que al cielo escupe en la cara le cae.
to swallow one's pride, tragarse el orgullo.

problem

a problem shared is a problem halved, las penas compartidas son menos penas.

profile

to keep a low profile, intentar pasar desapercibido, mantenerse en un segundo plano.

proof

the proof of the pudding is in the eating, no se puede juzgar algo hasta que se ha probado.

proud

to do somebody proud *fam,* tratar a alguien a cuerpo de rey.

pull

to go (out) on the pull GB *fam,* salir a ligar, ir de ligue.
to pull a fast one on somebody *fam,* jugarle una mala pasada a alguien, hacerle una jugarreta a alguien.

punch

not to pull any punches, no tener pelos en la lengua.
to pull one's punches, andarse con miramientos.

pup

to sell somebody a pup *fam,* darle a alguien gato por liebre.

purse

to hold the purse strings, administrar el dinero.

push

at a push *fam,* si fuera necesario: *I don't finish work till five, but I could be there at half past, at a push,* no acabo de trabajar hasta las cinco, pero podría estar ahí a la media, si fuera necesario.
if push comes to shove, en último caso, en el peor de los casos.
to give somebody the push GB *fam.*
1 poner de patitas en la calle, echar *(a un empleado)*.
2 dejar *(un novio, una novia)*.

putty

to be putty in somebody's hands, estar muy dominado por alguien: *she was putty in his hands,* la tenía muy dominada, hacía con ella lo que quería.

quart

you can't put a quart into a pint pot *fam,* eso es pedir peras al olmo.

quick
to cut somebody to the quick, herir a alguien en lo vivo, en lo más profundo.

quiet
on the quiet *fam,* a la chita callando, en secreto.

quit
let's call it quits *fam.*
1 hagamos las paces, dejémoslo *(tras una discusión).*
2 estamos en paz *(al pagar).*

rack
to go to rack and ruin, venirse abajo.

rag
to be like a red rag to a bull *fam,* enfurecer a alguien, sacar a alguien de sus casillas.
to lose one's rag GB *fam,* perder los estribos.

rail
to go off the rails *fam,* ir por mal camino, descarriarse.

rain
come rain or shine, pase lo que pase, llueva o truene.
it never rains but it pours, las desgracias nunca vienen solas, siempre llueve sobre mojado.
to be as right as rain *fam,* encontrarse perfectamente, estar como nuevo.

raincheck
to take a raincheck on something *fam,* dejar algo para más adelante: *I'll take a raincheck on lunch, thank you,* me invitas a comer otro día, si no te importa.

rake
to be as thin as a rake *fam,* estar hecho un fideo, ser un palillo.

ram
to ram something home, dejar algo bien claro.

rank
to pull rank, abusar de su autoridad.

rap
to take the rap *fam,* pagar el pato, cargar con las culpas.

rat
like a drowned rat *fam,* hecho una sopa.

to smell a rat *fam,* olerse algo raro: *I smell a rat,* aquí hay gato encerrado.

red
to be in the red, estar en números rojos, estar en descubierto.
to see red *fam,* ponerse hecho una furia, sulfurarse.

rein
to give free rein to something, dar rienda suelta a algo.
to keep a tight rein on something, controlar algo estrictamente, llevar un estricto control de algo.

rest
there's no rest for the wicked, los malvados nunca descansan.

rhyme
without rhyme or reason, sin ton ni son.

ride
to take somebody for a ride *fam,* tomarle el pelo a alguien.

riot
to run riot, descontrolarse.

river
to sell somebody down the river, traicionar a alguien.

rock
as solid as a rock, firme como una roca.
on the rocks.
1 que va fatal *(un matrimonio, un negocio).*
2 con hielo *(una bebida alcohólica).*

rocker
to be off one's rocker *fam,* estar mal de la azotea, estar chiflado.

roll
to be rolling in it *fam,* estar forrado.

Rome
when in Rome, do as the Romans do, allá donde fueres, haz lo que vieres.

roof
to go through the roof *fam,* ponerse por las nubes, dispararse *(los precios).*
to hit the roof *fam,* subirse por las paredes, explotar *(una persona).*

rooftop
to shout something from the rooftops, pregonar algo a los cuatro vientos.

room
there's not enough room to swing a cat *fam,* no cabe ni un alfiler.

roost
to rule the roost *fam,* llevar la batuta.

rope
to give somebody plenty of rope, darle rienda suelta a alguien, darle mucha libertad a alguien.
to have somebody on the ropes, tener a alguien contra las cuerdas.
to know the ropes *fam,* saber de qué va el asunto.
to learn the ropes *fam,* ponerse al tanto.

rot
to stop the rot, cortar por lo sano.

rough
to take the rough with the smooth, estar a las duras y a las maduras.

rub
don't rub it in! *fam,* ¡no me lo refriegues por las narices!

rug
to pull the rug out from under somebody's feet *fam,* fastidiarle los planes a alguien.

rule
as a rule of thumb, como regla general.

run
to be on the run.
1 estar en fuga.
2 ir con prisas: *he's always on the run,* siempre va con prisas, siempre está de acá para allá.
to run before one can walk, querer ir demasiado deprisa.

running
to be in the running, tener posibilidades de ganar.
to be out of the running, no tener posibilidades de ganar.

rut
to be in a rut, ser esclavo de la rutina.
to get out of a rut, salir de la rutina.

sack
to get the sack GB *fam,* ser despedido: *she got the sack,* la despidieron, la pusieron de patitas en la calle.

to give somebody the sack, despedir a alguien, poner de patitas en la calle a alguien.
to hit the sack *fam,* irse al catre, irse al sobre.

saddle
to be in the saddle *fam,* llevar las riendas.

safe
better safe than sorry, más vale prevenir que curar.

sailing
to be (all) plain sailing, ser coser y cantar.

salt
the salt of the earth, la sal de la tierra.
to be worth one's salt *fam*: *any lawyer worth his salt...,* todo abogado que se precie...
to rub salt into the wounds, hurgar en la herida.

sauce
what is sauce for the goose is sauce for the gander, lo que es bueno para uno es bueno para el otro.

say
it's easier said than done, del dicho al hecho hay mucho trecho.
no sooner said than done, dicho y hecho.

scale
to tip the scales in somebody's favour, inclinar la balanza a favor de alguien.

scalp
to be after somebody's scalp *fam,* ir a por alguien.

scene
behind the scenes, entre bastidores.
to steal the scene, acaparar la atención de todos.

scratch
to come up to scratch, dar la talla, estar a la altura.

screw
to have a screw loose *fam*: *he's got a screw loose,* le falta un tornillo.

sea
to be all at sea *fam,* estar totalmente perdido, confundido.

seal
to set the seal on something, culminar algo, ratificar algo.

seam
to be bursting at the seams, estar hasta los topes.
to come apart at the seams, fracasar, irse a pique.

seat
to be in the hot seat *fam,* estar en plena línea de fuego, estar en una posición difícil.
to take a back seat *fam,* mantenerse al margen, en un segundo plano.

sell
to sell somebody short, subestimar a alguien, infravalorar a alguien.

send
to send somebody packing *fam,* mandar a alguien a paseo, a freír espárragos.

sense
to knock some sense into somebody, hacer entrar en razón a alguien.

set
to make a dead set at somebody.
1 tomarla con alguien, emprenderla con alguien.
2 tratar de ligar con alguien.

shackle
to throw off one's shackles, librarse de las ataduras.

shade
to put somebody/something in the shade *fam,* hacer sombra a alguien/algo, eclipsar a alguien/algo.

shadow
to be a shadow of one's former self, no ser ni sombra de lo que uno había sido antes.
to be afraid of one's own shadow, tener miedo hasta de su propia sombra.
to cast a shadow on something, ensombrecer algo.
to live in somebody's shadow, vivir eclipsado por alguien.

shake
in two shakes (of a lamb's tail) *fam,* en un santiamén.
to be no great shakes *fam,* no ser nada del otro mundo, nada del otro jueves.

shank
on Shanks's pony GB *fam,* en el coche de san Fernando.

shape
to knock/lick into shape *fam,* poner a punto.

share
to share and share alike, compartir las cosas.

shave
to be a close shave *fam: **that was a close shave!,*** ¡me salvé/nos salvamos etc por los pelos!

sheep
to make sheep's eyes at somebody *fam,* mirar a alguien con ojos de cordero degollado.

sheet
to start with a clean sheet, hacer borrón y cuenta nueva.

shelf
to be left on the shelf *fam,* quedarse para vestir santos.

shell
to come out of one's shell *fam,* salir del caparazón.
to retreat/withdraw into one's shell *fam,* retraerse, meterse en el caparazón.

shift
to make shift with something, arreglárselas con algo.

shine
to take a shine to somebody/something *fam,* prendarse de alguien/algo.

shingle
to hang one's shingle US, abrir un negocio, establecerse.

ship
when one's ship comes home *fam,* cuando lleguen las vacas gordas, cuando toque la lotería.

shirt
keep your shirt on! *fam,* ¡no te sulfures!
to have the shirt off somebody's back, ser uno capaz de robarle a su propia madre.
to lose one's shirt *fam,* perder hasta la camisa.

shit
not to give a shit *vulg: **I don't give a shit,*** me importa un carajo/un huevo.
to be in the shit *vulg,* estar jodido.

to be up shit creek without a paddle *vulg,* estar metido en un buen marrón.
to beat the shit out of somebody *vulg,* moler a alguien a palos, pegarle una paliza de muerte a alguien.
to scare the shit out of somebody *vulg,* acojonar a alguien.
when the shit hits the fan *vulg,* cuando las cosas se pongan feas.

shoe
to fill somebody's shoes, ocupar el puesto de alguien.
to put oneself in somebody else's shoes, ponerse en el lugar de alguien.
to shake in one's shoes, temblar de miedo.
to step into somebody's shoes, pasar a ocupar el puesto de alguien.

shoestring
to do something on a shoestring *fam,* hacer algo con poquísimo dinero.

shop
all over the shop GB *fam,* por todas partes.
to talk shop *fam,* hablar del trabajo.

short
to be caught/taken short GB *fam,* entrarle a uno ganas de ir al lavabo.

shot
a shot in the arm *fam,* un estímulo, una inyección de ánimo.
a shot in the dark GB *fam,* un palo de ciego, un intento a ciegas.
like a shot GB *fam,* sin pensárselo dos veces, sin vacilar.
not by a long shot *fam,* ni mucho menos, ni de lejos.
to be off like a shot GB *fam,* salir disparado, salir como una bala.
to call the shots *fam,* llevar la batuta, llevar la voz cantante.

shoulder
a shoulder to cry on, un paño de lágrimas: *he's a shoulder for her to cry on,* es su paño de lágrimas.
to cry on somebody's shoulders, desahogarse con alguien.
to give somebody the cold shoulder *fam,* volverle la espalda a alguien, dar de lado a alguien, hacerle el vacío a alguien.
to look over somebody's shoulder, vigilar a alguien.
to put one's shoulder to the wheel *fam,* arrimar el hombro.
to rub shoulders with somebody *fam,* codearse con alguien.

shouting
it's all over bar the shouting, esto ya es asunto concluido.

show

let's get this show on the road! *fam,* ¡manos a la obra!
the show must go on, hay que seguir adelante.
to steal the show, acaparar la atención de todos.
to stop the show, causar sensación.

side

on the side: *he makes a bit of money on the side by giving private classes,* gana algún dinero extra dando clases particulares.
to be from the wrong side of the tracks, haber nacido en los barrios bajos.
to be on the safe side, para mayor seguridad, por si acaso.
to laugh on the other side of one's face: *he'll be laughing on the other side of his face when ...,* se le helará la sonrisa en los labios cuando...
to look on the bright side (of things), ver el lado bueno (de las cosas).
to split one's sides laughing *fam,* partirse/troncharse/desternillarse (de risa).

sight

out of sight, out of mind, ojos que no ven, corazón que no siente.
to be a sight for sore eyes *fam*: *it's a sight for sore eyes,* da gusto verlo.

silk

you can't make a silk purse out of a sow's ear, no se pueden pedir peras al olmo.

sin

as ugly as sin *fam,* más feo que Picio, más feo que un pecado.

sit

to be sitting pretty *fam,* estar bien situado, estar en una posición ventajosa.

six

it's six of one and half a dozen of the other GB *fam,* tanto monta, viene a ser lo mismo.
to be at sixes and sevens *fam,* estar confuso, estar hecho un lío.
to knock somebody for six *fam,* dejar anonadado a alguien.

size

to cut somebody down to size *fam,* bajarle los humos a alguien, poner a alguien en su sitio.

skate

to put one's skates on *fam,* darse prisa, moverse.

skeleton

to have a skeleton in the cupboard, tener un secreto vergonzoso que ocultar.

skid

to put the skids under somebody, ponerle la zancadilla a alguien.

skin

by the skin of one's teeth *fam*, por los pelos.

it's no skin off my nose *fam*, a mí me da lo mismo, a mí me trae sin cuidado.

to be all skin and bone(s) *fam*, estar en los huesos.

to get under somebody's skin *fam*, sacar a alguien de quicio, irritar a alguien.

to have a thick skin, ser insensible a las críticas.

to have a thin skin, ser muy susceptible.

to jump out of one's skin, llevarse un susto de muerte.

to save one's own skin *fam*, salvar el pellejo.

sky

the sky's the limit *fam*, no hay límites, no hay ningún tope.

to praise to the skies, poner por las nubes.

slate

to have a clean slate, tener un historial sin tacha.

to wipe the slate clean, hacer borrón y cuenta nueva.

sleeve

to have something up one's sleeve *fam*, guardarse una carta en la manga.

to laugh up one's sleeve, reírse disimuladamente, reírse uno para sus adentros.

slice

to want a slice of the cake, querer sacar tajada.

slip

there's many a slip 'twixt cup and lip, del dicho al hecho hay mucho trecho.

to give somebody the slip *fam*, darle esquinazo a alguien.

slope

to be on the slippery slope *fam*, pisar un terreno muy resbaladizo.

sly

on the sly *fam*, a escondidas, a hurtadillas.

smack

to have a smack at doing something GB *fam*, probar algo, intentar algo.

smoke
there's no smoke without fire, cuando el río suena, agua lleva.

snail
at a snail's pace *fam,* a paso de tortuga.

snuff
to snuff it GB *fam,* estirar la pata, liar el petate, diñarla.

soapbox
to get on one's soapbox *fam,* ponerse a pontificar.

sock
to pull one's socks up GB *fam,* espabilarse, hacer un esfuerzo.
to put a sock in it *fam,* cerrar el pico.

sod
not to give a sod GB *vulg:* **I don't give a sod,** me importa un huevo/un carajo.

song
to make a song and dance about something *fam,* armar mucho revuelo por algo.
to sing a different song, cambiar de opinión.

sorrow
to drown one's sorrows, ahogar las penas.

sort
to be out of sorts *fam.*
1 estar pachucho, encontrarse raro.
2 estar de malas, estar de mal humor.

soul
to sell one's soul to the devil, venderle el alma al diablo.

soup
from soup to nuts US, de cabo a rabo.
to be in the soup *fam,* estar metido en una buena, estar en apuros.

spade
to call a spade a spade, llamar al pan, pan y al vino, vino.

spanner
to put/throw a spanner in the works GB *fam,* fastidiarlo todo.

speed
at full speed, a toda velocidad, a toda pastilla.

spin
to be in a flat spin *fam,* estar hecho un lío.

spit
spit and polish *fam,* pulcritud.
to be the dead spit of somebody *fam,* ser el vivo retrato de alguien.

splash
to make a splash *fam,* causar sensación.

splice
to get spliced *fam,* casarse.

spoke
to put a spoke in somebody's wheel *fam,* ponerle trabas a alguien.

sponge
to throw in the sponge, tirar la toalla.

spoon
to be born with a silver spoon in one's mouth, nacer entre algodones.
to win the wooden spoon GB *fam,* llevarse el premio de consolación.

spot
on the spot.
1 en el acto, allí mismo: *the police stopped him for speeding and fined him on the spot,* la policía lo paró por exceso de velocidad y le pusieron una multa en el acto.
2 en el lugar del los hechos: *I know what happened because I was actually on the spot when it occurred,* sé lo que pasó porque estuve en el lugar de los hechos cuando ocurrió; *the firemen were on the spot within minutes,* los bomberos llegaron a los pocos minutos.
to be rooted to the spot, quedarse clavado.
to have a soft spot for somebody *fam,* tener debilidad por alguien.
to knock spots off somebody *fam,* darle cien (mil) vueltas a alguien.
to put somebody on the spot, poner a alguien en un aprieto.

spout
to be up the spout GB *fam.*
1 irse al garete, irse a pique *(planes etc).*
2 estar embarazada *(una mujer).*

spur
on the spur of the moment, sin pensarlo, a bote pronto.

square
to go back to square one, volver al punto de partida, partir de cero.

squeak
to have a narrow squeak *fam,* escaparse por los pelos, librarse por los pelos.

squeeze
to put the squeeze on somebody *fam,* apretarle las clavijas/las tuercas a alguien.

stab
a stab in the back, una puñalada trapera.
to have a stab at something *fam,* intentar hacer algo.

stable
to close/lock/shut the stable door after the horse has bolted, acordarse de santa Bárbara cuando truena.

staff
the staff of life, el pan de cada día.

stand
united we stand, divided we fall, la unión hace la fuerza.

star
to see stars, ver las estrellas.
to thank one's lucky stars *fam,* dar gracias al cielo.

start
to get off to a flying start, empezar con buen pie.
to make a fresh start, volver a empezar.

stay
to be here to stay, perdurar.
to stay put, quedarse.

stead
to stand somebody in good stead, serle muy útil a alguien.

steam
to do something under one's own steam, hacer algo por sus propios medios.
to go full steam ahead, ir viento en popa.
to let off steam *fam,* desfogarse, desahogarse.
to run out of steam, perder fuerzas.

steer
to steer clear of something, evitar algo.

step
step on it! *fam,* ¡date prisa!, ¡pisa a fondo!
to be one step ahead, llevar la delantera, llevar ventaja.
to watch one's step, ir con pies de plomo.

stew
to get into a stew *fam,* ponerse nervioso.

stick
the big stick, mano dura.
to give somebody stick GB *fam,* meterle un palo a alguien.
to stick at nothing *fam,* no pararse en barras.
to stick in one's gizzard/gullet: *what sticks in my gizzard/gullet is that ...,* lo que se me atraganta es que...

sting
to have a sting in the tail, esconder algo malo.
to take the sting out of something, hacer algo menos doloroso, menos traumático.

stitch
a stitch in time saves nine, un remiendo a tiempo ahorra ciento.
not to have a stitch on *fam,* ir en cueros.
to be in stitches *fam,* troncharse/partirse (de risa).
to have somebody in stitches *fam,* hacer que alguien se tronche/se parta (de risa).

stomach
to have a strong stomach, tener buen estómago.
to have no stomach for something.
1 no tener ganas de comer algo, no apetecerle a uno comer algo.
2 no gustarle a uno algo.
3 tener miedo de algo, no atreverse a hacer algo.

stone
a rolling stone gathers no moss, piedra movediza nunca moho la cobija.
to be a stone's throw away, estar a tiro de piedra.
to leave no stone unturned, no dejar piedra por mover.

stool
to fall between two stools, nadar entre dos aguas.

stop
to pull out all the stops, tocar todos los registros, hacer todo lo posible.

to stop at nothing (to do something), no pararse en barras (para hacer algo), estar dispuesto a cualquier cosa (para hacer algo).

to stop short of doing something, no llegar a hacer algo: *he insulted her, but she stopped short of hitting him,* la insultó, pero ella no llegó a pegarle.

storm

to ride out the storm, weather the storm, capear el temporal.

story

but that's another story, pero eso es otro cantar.

to cut a long story short, en resumidas cuentas.

straight

the straight and narrow, el buen camino.

straw

a straw in the wind, un indicio de cómo pueden ir las cosas.

not to give a straw for something *fam,* importarle algo un pepino/bledo a uno.

the straw that broke the camel's back, la gota que colmó el vaso.

to be the last straw, ser el colmo.

to clutch/grasp at straws, agarrarse a un clavo ardiendo.

to draw/get the short straw, tocarle a uno la china.

street

not to be in the same street as somebody *fam,* no llegarle a alguien a la suela del zapato.

to be on/walk the streets.

1 estar en la calle, estar sin techo *(un vagabundo).*

2 hacer la calle *(una prostituta).*

to be right up somebody's street *fam,* venirle a alguien de perlas, ser ideal para alguien.

to be streets ahead of somebody *fam,* darle cien (mil) vueltas a alguien.

strength

to go from strength to strength, ir viento en popa.

stretch

not by any stretch of the imagination, de ningún modo, ni por asomo.

stride

to get into one's stride, coger el ritmo.

to take something in one's stride, tomarse algo con calma.

strike

to strike (it) lucky, tener suerte.

to strike out on one's own, independizarse.

string

no strings attached, sin (ningún) compromiso.
to have somebody on a string *fam,* tener a alguien en un puño.
to have two strings to one's bow *fam,* ser una persona de recursos.
to pull strings, tocar teclas.

strip

to tear a strip off somebody, tear somebody off a strip *fam,* poner a alguien a caldo, echarle una bronca a alguien.

stroke

not to do a stroke of work *fam,* no dar golpe, no pegar sello.
to put somebody off their stroke, distraer a alguien.

strong

to be going strong.
1 ir viento en popa *(un negocio)*.
2 funcionar bien *(una máquina)*.
3 estar en plena forma *(una persona)*.
to be strong on something, ser bueno en algo.

stuff

that's the stuff! *fam,* ¡así me gusta!
to do one's stuff *fam,* hacer lo que es debido.
to know one's stuff *fam,* ser un experto en la materia.

stuffing

to knock the stuffing out of somebody *fam,* dejar hecho polvo a alguien.

succeed

if at first you don't succeed, try, try, try again, el que la sigue la consigue.

suit

to be somebody's strongest suit, ser el fuerte de alguien.
to follow suit, hacer lo mismo.

sun

there's nothing new under the sun, no hay nada nuevo bajo el sol.
under the sun: *everything under the sun,* absolutamente de todo; *any subject under the sun,* el tema que sea, todos los temas imaginables.

swallow

one swallow does not make a summer, una golondrina no hace verano.

sweat
to sweat it out *fam,* sudar tinta, sudar la gota gorda.

sweep
to make a clean sweep of things, barrer con todo, hacer tabla rasa.

swim
to be in the swim *fam,* estar al tanto, estar en la onda.

swing
it's swings and roundabouts *fam,* lo que se pierde por un lado se gana por otro.
to be in full swing, estar en pleno apogeo.
to get into the swing of something, cogerle el tranquillo a algo.
to go with a swing, ir sobre ruedas.

swoop
at one fell swoop *fam,* de un golpe, de un tirón, de una sola vez.

sword
they that live by the sword shall die by the sword, quien a hierro mata, a hierro muere.
to cross swords with somebody, pelearse con alguien, habérselas con alguien.

system
to get something out of one's system, desahogarse.

tab
to keep tabs on, keep a tab on *fam,* controlar, tener controlado, no perder de vista.

table
to drink somebody under the table *fam,* aguantar más bebiendo que alguien.
to turn the tables on somebody, volverle las tornas a alguien.
under the table *fam,* bajo mano *(dinero)*.

tail
to be on somebody's tail, pisarle los talones a alguien.
to have one's tail between one's legs, tener el rabo entre las piernas.
to turn tail, poner pies en polvorosa.

take
to be on the take *fam,* aceptar sobornos.
to have what it takes *fam,* tener lo que hay que tener.
to take something lying down, aceptar algo sin chistar.

talk
to be all talk (and no action), hablar mucho y no hacer nada.
to be the talk of the town, ser la comidilla de todos.

tangent
to go off at a tangent *fam,* salirse por la tangente.

tap
to have something on tap *fam,* disponer de algo.

task
to take somebody to task over something, reprender a alguien por algo.

taste
there's no accounting for taste(s), sobre gustos no hay nada escrito.
to give somebody a taste of their own medicine, pagar a alguien con la misma moneda.

tea
not for all the tea in China *fam,* por nada del mundo.

tear
that's torn it! *fam,* ¡ahora sí que la he/has/ha *etc* hecho buena!, ¡se ha ido todo al traste!

term
to come to terms with.
1 aceptar *(algo)*, hacerse a la idea.
2 llegar a un acuerdo *(con alguien)*.

there
not to be all there *fam*: **she's not all there,** no está bien de la azotea, le falta un tornillo.

thick
thick and fast *fam,* en cantidad: ***the snow fell thick and fast,*** nevaba copiosamente; ***the questions came thick and fast,*** llovieron las preguntas.
through thick and thin, a las duras y a las maduras, pase lo que pase.
to be in the thick of something, estar metido de lleno en algo: ***she loves being in the thick of things,*** le encanta estar en el ajo.

thief
to be as thick as thieves *fam,* estar a partir un piñón, ser uña y carne.

thing

it was a close/near thing, por muy poco, por los pelos: *I caught the train, but it was a close thing,* cogí el tren por los pelos.

it's just one of those things, son cosas que pasan, así es la vida.

to be on to a good thing *fam,* tener un chollo, montárselo bien.

to have a thing about somebody/something *fam,* estar obsesionado con alguien/algo.

to make a big thing of something *fam,* armar un escándalo por algo.

to make things hot for somebody *fam,* hacerle la vida muy difícil a alguien.

think

you've got another think coming *fam,* estás muy equivocado, lo tienes claro.

thorn

to be a thorn in one's side/flesh, ser una espina que uno tiene clavada.

thought

to have second thoughts (about something), tener dudas (acerca de algo).

thread

to hang by a thread, pender de un hilo.

threshold

to be on the threshold of something, estar en el umbral de algo, estar a las puertas de algo.

throat

to be at each other's throats *fam,* estar como el perro y el gato, tirarse los platos a la cabeza.

to cut one's own throat, echar piedras contra su propio tejado.

to jump down somebody's throat *fam,* echársele encima a alguien, echarle la caballería a alguien: *I made a remark about her dress and she jumped right down my throat,* hice un comentario sobre su vestido y me echó la caballería.

to ram something down somebody's throat *fam,* imponerle algo por la fuerza a alguien, hacerle tragar algo a alguien.

thumb

to be all thumbs *fam,* ser un manazas, ser muy torpe.

to be under somebody's thumb *fam,* estar dominado por alguien.

to get the thumbs down, ser rechazado.

to get the thumbs up, ser aprobado.

to give something the thumbs down, rechazar algo.

to give something the thumbs up, aprobar algo.
to have green thumbs US, tener buena mano para las plantas.
to have somebody under one's thumb *fam,* tener a alguien en un puño.
to stick out like a sore thumb, saltar a la vista, llamar la atención.
to twiddle one's thumbs *fam,* estar mano sobre mano.

thunder
to steal somebody's thunder *fam,* robarle el protagonismo a alguien.

tick
to buy something on tick GB *fam,* comprar algo a crédito.
what makes somebody tick *fam,* lo que mueve a alguien: *I don't know what makes her tick,* no sé qué la mueve, no sé de qué va.

ticket
to be just the ticket *fam,* ser justo lo que hace falta.

tickle
to be tickled pink *fam,* estar contentísimo, estar encantado.

tide
to swim against the tide, ir contra corriente.
to swim with the tide, seguir la corriente.

tiger
to fight like a tiger, luchar como un jabato.

tile
(out) on the tiles *fam,* de juerga, de marcha.

tilt
at full tilt *fam,* a toda velocidad, a toda pastilla.
to have a tilt at somebody, arremeter contra alguien.

time
not to give somebody the time of day, no darle a alguien ni la hora.
there's no time like the present, no dejes para mañana lo que puedas hacer hoy.
time is money, el tiempo es oro.
to have a lot of time for somebody *fam*: *I have a lot of time for her,* me cae muy bien.
to have a thin time of it *fam,* pasarlas canutas.
to have no time for somebody/something *fam,* no soportar/aguantar a alguien/algo.
to have the time of one's life *fam,* pasárselo como nunca, pasárselo bomba.

to keep up with the times, estar al día.
to kill time, pasar el rato, matar el tiempo.

tip
the tip of the iceberg, la punta del iceberg.
to have something on the tip of one's tongue, tener algo en la punta de la lengua.

tit
tit for tat *fam,* donde las dan las toman, ojo por ojo.

toe
to be on one's toes, estar alerta.
to step/tread on somebody's toes, ofender a alguien.

ton
to come down on somebody like a ton of bricks *fam,* poner a alguien a caldo, echarle la caballería a alguien.
to weigh a ton *fam,* pesar una tonelada.

tongue
to find one's tongue, soltarse a hablar.
to get one's tongue round something *fam,* pronunciar algo: *I can't get my tongue round her name,* soy incapaz de pronunciar su nombre.
to hold one's tongue, callarse.
to say something (with) tongue in cheek *fam,* decir algo con ironía.
to set tongues wagging, dar que hablar.

tool
to down tools GB, declararse en huelga, dejar de trabajar.

tooth
armed to the teeth, armado hasta los dientes.
long in the tooth *fam,* entrado en años.
to fight tooth and nail, luchar con uñas y dientes.
to get one's teeth into something *fam,* hincarle el diente a algo.
to grit one's teeth, apretar los dientes.
to have a sweet tooth *fam,* ser goloso.
to lie through one's teeth *fam,* mentir descaradamente.
to show one's teeth, enseñar los dientes.

top
at the top of one's voice, a voz en grito.
to be at the top of the tree *fam,* estar en la cúspide, estar en la cumbre.
to be on top of the world, estar en la gloria, estar contento y feliz.
to blow one's top *fam,* perder los estribos, explotar.

to come out on top, salir ganando.
to get on top of somebody *fam,* agobiar a alguien.
to go over the top *fam,* pasarse.
to say something off the top of one's head, decir algo sin pensar: *off the top of my head, I'd say (that) ...,* así a bote pronto, diría que..., así de entrada, diría que...
to sleep like a top, dormir como un tronco, dormir como un lirón.

torch
to carry a torch for somebody, estar enamorado de alguien sin ser correspondido.

toss
not to give a toss *vulg: I don't give a toss,* me importa un huevo/un carajo.

touch
to be an easy/soft touch *fam,* ser un blando.

towel
to throw in the towel, tirar la toalla.

tower
to be a tower of strength, ser una gran ayuda.

town
(out) on the town *fam,* de juerga, de marcha.
to go to town *fam.*
1 dedicarse con entusiasmo, entregarse de pleno.
2 tirar la casa por la ventana, no reparar en gastos.
to paint the town red *fam,* ir de juerga.

track
to be on the right/wrong track, ir por buen/mal camino.
to cover one's tracks, no dejar rastro.
to stop dead in one's tracks *fam,* pararse en seco.

treat
to work a treat GB *fam,* funcionar a las mil maravillas.

tree
not to grow on trees, no caer del cielo, no crecer en los árboles: *money doesn't grow on trees, you know,* el dinero no cae del cielo.
to bark up the wrong tree *fam,* equivocarse de medio a medio.

trick
every trick in the book *fam: he knows every trick in the book,* se sabe todos los trucos habidos y por haber, se las sabe todas.

never to miss a trick *fam*: *he never misses a trick,* no se le escapa ni una, está al tanto de todo.
to be up to one's tricks *fam*, hacer uno de las suyas.
to do the trick *fam*, funcionar, ser la solución.
to have a trick up one's sleeve, guardarse un as en la manga.
to play a dirty trick on somebody, jugarle una mala pasada a alguien.

Trojan

to work like a Trojan, trabajar como un negro.

trooper

to swear like a trooper, jurar como un carretero.

trot

on the trot *fam*.
1 seguidos, uno tras otro: *she read four books on the trot,* leyó cuatro libros seguidos.
2 de acá para allá: *I've been on the trot all day,* he estado yendo de acá para allá todo el día, no he parado en todo el día.

trouble

there's trouble brewing, corren malos vientos.
to get a woman into trouble *fam*, dejar embarazada a una mujer.

trouser

to catch somebody with their trousers down *fam*, pillar a alguien en bragas.
to wear the trousers *fam*, llevar los pantalones.

truck

to have no truck with somebody, no querer saber nada de alguien, no tener trato con alguien.

trump

to turn up trumps, come up trumps *fam*, salvar la situación.

trumpet

to blow one's own trumpet *fam*, darse bombo, tirarse flores.

truth

the truth will out, antes se coge al mentiroso que al cojo.

tune

to be in tune with somebody, estar en sintonía con alguien, sintonizar con alguien.
to be out of tune with somebody, no estar en sintonía con alguien, no sintonizar con alguien.
to call the tune *fam*, llevar la batuta, llevar la voz cantante.

to change one's tune, cambiar de opinión.
to dance to somebody else's tune, bailar uno al son que le tocan.
to sing a different tune, cambiar de opinión.

turkey
to go cold turkey *arg,* estar con el mono.
to talk turkey US *fam,* hablar a las claras, no andarse con rodeos.

turn
one good turn deserves another, favor con favor se paga.

turn-up
that's a turn-up for the books! *fam,* ¡vaya sorpresa!

twist
to be round the twist *fam,* estar chalado, estar mal de la azotea.

two
it takes two to tango, es cosa de dos.
to put two and two together *fam,* atar cabos.
two's company, three's a crowd, dos son compañía, tres multitud.

up
to be on the up and up *fam,* ir cada vez mejor.

uptake
to be quick on the uptake *fam,* cogerlas al vuelo, captar algo en seguida.

variety
variety is the spice of life, en la variedad está el gusto.

veil
to draw a veil over something, correr un tupido velo sobre algo.

venture
nothing ventured, nothing gained, el que no se arriesga no pasa el río.

victory
to snatch victory from the jaws of defeat, ganar por los pelos.

virtue
to make a virtue of necessity, hacer de la necesidad virtud.

volume
to speak volumes *fam,* decirlo todo: *her silence spoke volumes,* su silencio lo decía todo.

wagon
to be on the wagon *fam,* haber dejado la bebida.

walk
to walk all over somebody *fam,* tratar a patadas a alguien.
to walk it *fam,* ganar fácilmente.
to walk tall *fam,* ir con la cabeza bien alta.

wall
to drive somebody up the wall *fam,* sacar de quicio a alguien, hacer que alguien se suba por las paredes.
to go to the wall, irse a pique, quebrar.
to go up the wall *fam,* subirse por las paredes, volverse loco.
walls have ears *fam,* las paredes oyen.

war
to have been in the wars *fam,* estar maltrecho.

wart
warts and all, sin ocultar nada, mostrando lo bueno y lo malo.

wash
it'll all come out in the wash *fam.*
1 todo saldrá bien.
2 todo saldrá a la luz.

waste
waste not, want not, no malgastes y no te faltará.

water
a lot of water has flowed under the bridge since then, ha llovido mucho desde entonces.
like water off a duck's back *fam,* como quien oye llover.
not to hold water, caer por su propio peso, carecer de fundamento.
still waters run deep, del agua mansa líbreme Dios (que de la brava me libro yo).
to be in deep water *fam,* estar con el agua al cuello.
to be water under the bridge, ser agua pasada.
to get into hot water *fam,* meterse en un buen lío.
to hold water, estar bien fundado, ser coherente.
to muddy the waters, enredar las cosas, enmarañar las cosas.
to pour cold water on something, ponerle trabas/pegas/reparos a algo.

waterworks
to turn on the waterworks *fam,* soltar la lagrimita, ponerse a llorar.

wavelength
to be on different wavelengths *fam,* no estar en la misma onda.

way

no two ways about it, no tiene vuelta de hoja.

one way and another, en conjunto: *one way and another it's been a good year,* en conjunto, ha sido un buen año.

that's the way the cookie crumbles *fam,* así es la vida, así son las cosas.

to be in a bad way *fam,* estar fatal.

to go out of one's way (to do something), desvivirse (por hacer algo).

to have a way with ..., tener un don especial para...

to keep out of somebody's way, evitar el contacto con alguien.

to look the other way, hacer la vista gorda.

to mend one's ways, enmendarse, reformarse.

to pave the way for something, preparar el terreno para algo.

to rub somebody up the wrong way *fam,* sacar de quicio a alguien.

wear

to be the worse for wear *fam.*

1 estar muy gastado *(ropa).*

2 estar desmejorado *(una persona envejecida).*

3 estar trompa *(una persona borracha).*

to wear thin.

1 perder la gracia *(un chiste).*

2 acabarse, agotarse *(la paciencia).*

weather

to be under the weather *fam,* no estar muy allá, estar pachucho.

weight

to be worth one's weight in gold, valer uno su peso en oro.

to pull one's weight, poner de su parte.

to take a weight off somebody's mind, quitarle a alguien un peso de encima.

to throw one's weight about/around *fam,* mangonear.

whale

to have a whale of a time *fam,* pasarlo pipa, pasarlo bomba.

wheel

to oil the wheels, allanar el terreno.

whip

to crack the whip, usar el látigo, sacar el látigo.

to have the whip hand, llevar la batuta, llevar la voz cantante.

whirl

to give something a whirl *fam,* probar algo.

whisker
by a whisker *fam,* por un pelo, por los pelos.

whistle
to blow the whistle on somebody *fam,* delatar a alguien.
to wet one's whistle *fam,* mojar el gaznate, echarse un trago.

wick
to get on somebody's wick GB *fam,* tocarle las narices a alguien, sacar de quicio a alguien.

wicket
to be on a sticky wicket GB *fam,* estar en un aprieto, encontrarse en un apuro.

wildfire
to spread like wildfire, correr como la pólvora, extenderse como un reguero de pólvora.

will
where there's a will there's a way, querer es poder.

wind
it's an ill wind that blows nobody any good, no hay mal que por bien no venga.
to get one's second wind, recuperar las fuerzas.
to get the wind up (about something) *fam,* arrugarse (por algo), encogérsele a uno el ombligo (por algo).
to get wind of something *fam,* olerse algo.
to put the wind up somebody *fam,* meterle miedo a alguien, asustar a alguien.
to sail close to the wind, jugársela, pisar terreno peligroso.
to take the wind out of somebody's sails *fam,* desinflar a alguien.

wing
to clip somebody's wings, cortarle las alas a alguien.
to take somebody under one's wing, tomar a alguien bajo su protección, hacerse cargo de alguien.

wink
to have forty winks *fam,* echar una siestecita, echar una cabezadita.
to tip somebody the wink GB *fam,* darle el soplo a alguien.

wire
to get one's wires crossed *fam,* producirse un malentendido: *we got our wires crossed,* hubo un malentendido, no nos entendimos.

wit
to be at one's wit's end *fam,* estar a punto de volverse loco, estar desesperado.

to be scared out of one's wits *fam,* estar muerto de miedo.
to gather one's wits, calmarse, tranquilizarse.
to keep one's wits about one, andarse con ojo, mantenerse alerta.

wolf

to cry wolf, dar una falsa alarma.
to keep the wolf from the door, no morirse de hambre, no caer en la miseria.
to throw somebody to the wolves, arrojar a alguien a los leones.

wood

(somebody) **can't see the wood for the trees**, los árboles no le dejan ver el bosque.
to touch wood, tocar madera.

wool

to pull the wool over somebody's eyes *fam,* darle gato por liebre a alguien.

word

by word of mouth, de palabra.
from the word go, desde el principio.
not to mince one's words, no tener pelos en la lengua.
to be lost for words, no saber qué decir, quedarse de una pieza.
to be the last word *fam,* ser el último grito.
to eat one's words, swallow one's words, tragarse lo dicho.
to get a word in edgeways, meter baza.
to have the last word, decir la última palabra.
to have words with somebody, tener unas palabras con alguien.

work

all work and no play makes Jack a dull boy, hay que divertirse de vez en cuando.
to give somebody the (full) works *fam.*
1 tratar a alguien a lo grande/a cuerpo de rey.
2 pegarle una paliza de muerte a alguien.
to gum up the works *fam,* fastidiarlo todo.
to have one's work cut out to do something, costarle a uno mucho trabajo hacer algo.
to make light/short work of something *fam,* despachar algo deprisa.

world

it's a small world, el mundo es un pañuelo.
out of this world *fam,* extraordinario, fantástico.
the world is his/her oyster, el mundo es suyo, tiene el mundo a sus pies.
to be dead to the world, dormir como un tronco.

to have the best of both worlds, tener todas las ventajas.
to set the world on fire, comerse el mundo.

wound
to lick one's wounds, lamerse las heridas.

wrap
to keep something under wraps, mantener algo en secreto.

write
to be nothing to write home about *fam,* no ser nada del otro mundo, nada del otro jueves.

writing
the writing on the wall, los malos presagios.

wrong
two wrongs don't make a right, no se repara una injusticia cometiendo otra.

yarn
to spin somebody a yarn *fam,* contarle un cuento chino a alguien.

year
since the year dot *fam,* desde el año de la pera/de la nana/de María Castaña.

young
you're only young once, sólo se vive una vez.

Abreviaturas usadas

arg	argot
esp	especialmente
fam	lenguaje familiar
GB	inglés británico
US	inglés norteamericano
vulg	lenguaje vulgar, malsonante